EDITION MANAGEMENT

Bildung von Kreditnehmereinheiten nach § 19 Abs. 2 KWG

von
Bundesbankdirektor a. D.

Dr. Hans Paul Bisani

Professor für Bank-, Finanz-
und Investitionswirtschaft

Verlag Wissenschaft & Praxis

Die Deutsche Bibliothek – CIP-Einheitsaufnahme

Bisani, Hans Paul:
Bildung von Kreditnehmereinheiten nach § 19 Abs. 2 KWG /
Hans Paul Bisani. – Sternenfels ; Berlin : Verl. Wiss. und Praxis, 1998
(EDITION MANAGEMENT)
ISBN 3-89673-038-X

ISBN 3-89673-038-X

© Verlag Wissenschaft & Praxis
Dr. Brauner GmbH 1998
Nußbaumweg 6, D-75447 Sternenfels
Tel. 07045/930093, Fax 07045/930094

Printed in Germany

Vorwort

Unternehmen, die dem Kreditwesengesetz unterliegen, bereitet die richtige Bildung von Kreditnehmereinheiten nach § 19 Abs. 2 KWG nicht selten Schwierigkeiten. Durch die Erweiterung der bankaufsichtlichen Risikoeinheit im Rahmen der 5. KWG-Novelle haben diese Probleme weiter zugenommen.

Das vorliegende – ausgesprochen praxisorientierte – Buch gibt Mitarbeitern in Kreditinstituten und Bankenverbänden sowie Wirtschaftsprüfern weitgehende Hilfestellung bei der richtigen Bildung von Kreditnehmereinheiten. Hierzu sind im ersten Teil des Buches, neben der Kreditnehmerdefinition und den gesetzlichen Vorgaben, insbesondere die Pflichten der Kreditgeber dargestellt. Ferner werden dem Praktiker Empfehlungen an die Hand gegeben, wie er am sinnvollsten bei der Bildung von Kreditnehmereinheiten vorgehen sollte. Im zweiten Teil sind die wichtigsten Begriffe (Personen, Unternehmen etc.) zusammengestellt, die jeder Praktiker bei der richtigen Bildung von Kreditnehmereinheiten kennen muß. Die konkrete Anwendung der einzelnen Zusammenfassungstatbestände des § 19 Abs. 2 KWG ist anhand zahlreicher Beispiele im dritten Teil dargestellt. Im letzten Teil des Buches wird noch kurz auf die kumulative Anwendung der einzelnen Zusammenfassungstatbestände eingegangen, die zu einer Ausweitung der Kreditnehmereinheit führen.

Hans Paul Bisani

Inhaltsverzeichnis

1 Grundlagen der Risikoeinheitenbildung.............................. 11

1.1 Zweck der Bankenaufsicht.. 11
1.2 Kreditnehmer und Kreditnehmerzusammenfassung................. 12
1.3 Gesetzliche Vorgaben 14
   1.3.1 Risikoeinheiten nach § 19 Abs. 2 Satz 1 KWG...................... 14
   1.3.2 Risikoeinheiten nach § 19 Abs. 2 Satz 2 KWG...................... 15
   1.3.3 Ausnahmen von der Zusammenfassung 15
1.4 Pflichten der Kreditgeber 16
1.5 Vorgehensweise bei der Bildung von Risikoeinheiten 18

2 Begriffsdefinitionen.. 23

2.1 Personen und Personenzusammenschlüsse............................ 23
   2.1.1 Natürliche Personen.. 23
   2.1.2 Juristische Personen 24
      2.1.2.1 Juristische Personen des Öffentlichen Rechts................... 24
         2.1.2.1.1 Anstalten 25
         2.1.2.1.2 Körperschaften 25
         2.1.2.1.3 Öffentlich-rechtliche Stiftungen 26
      2.1.2.2 Juristische Personen des Privaten Rechts 26
         2.1.2.2.1 Rechtsfähiger Verein 26
         2.1.2.2.2 Stiftung des Privatrechts 26
         2.1.2.2.3 Kapitalgesellschaften 27
            2.1.2.2.3.1 Gesellschaft mit beschränkter Haftung 27
            2.1.2.2.3.2 Aktiengesellschaft............................... 29
            2.1.2.2.3.3 Kommanditgesellschaft auf Aktien 30
         2.1.2.2.4 Genossenschaft....................................... 31
         2.1.2.2.5 Versicherungsverein auf Gegenseitigkeit 32
   2.1.3 Personenzusammenschlüsse 32
      2.1.3.1 Gesellschaft des bürgerlichen Rechts......................... 32
      2.1.3.2 Nicht rechtsfähiger Verein 34
      2.1.3.3 Personenhandelsgesellschaften.............................. 34
         2.1.3.3.1 Offene Handelsgesellschaft............................ 35
         2.1.3.3.2 Kommanditgesellschaft 35

2.1.3.4 Stille Gesellschaft 36
2.1.3.5 Partnerschaftsgesellschaft 38
2.1.3.6 Europäische wirtschaftliche Interessenvereinigung 39
2.1.3.7 Partenreederei 40
2.2 Unternehmen und Konzerne 40
  2.2.1 Unternehmen 40
    2.2.1.1 Personen und Personenmehrheiten als
            Unternehmensträger 41
    2.2.1.2 Unternehmen im Sinne des Konzernrechts 41
      2.2.1.2.1 Übergeordnetes Unternehmen 42
      2.2.1.2.2 Nachgeordnetes und gleichgeordnetes Unternehmen 45
    2.2.1.3 Unternehmenseigenschaft nach § 19 Abs. 2 Satz 1 KWG
            nicht erforderlich 45
  2.2.2 Konzern 46
    2.2.2.1 Unterordnungskonzern 46
    2.2.2.2 Gleichordnungskonzern 47
    2.2.2.3 Beherrschender Einfluß (Abhängigkeit im Sinne von
            § 17 AktG) 48
    2.2.2.4 Einheitliche Leitung 48
2.3 Juristische Personen, Personenzusammenschlüsse und
    Unternehmen nach ausländischem Recht 49
2.4 Wirtschaftliche Abhängigkeiten 50
2.5 Zahlungsschwierigkeiten 51

3 Die einzelnen Zusammenfassungstatbestände 53

3.1 Mehrheitsbeteiligung an Unternehmen 53
  3.1.1 Bildung von Risikoeinheiten bei Mehrheitsbeteiligung 53
  3.1.2 Berechnung der Mehrheitsbeteiligung 58
  3.1.3 Mittelbare Beteiligungen 60
  3.1.4 Treuhänderische Beteiligung 62
3.2 Gewinnabführungsverträge zwischen Unternehmen 63
3.3 Konzernzugehörigkeit von Unternehmen 64
  3.3.1 Unterordnungskonzern 64
  3.3.2 Gleichordnungskonzern 68
  3.3.3 Gemeinschaftsunternehmen 70

3.4 Beherrschender Einfluß (§ 19 Abs. 2 Satz 1,
1. Alternative KWG) 71
3.5 Personenhandelsgesellschaften (OHG, KG) und
Partnerschaftsgesellschaften 73
   3.5.1 Personenhandelsgesellschaft und jeder persönlich
   haftende Gesellschafter 73
   3.5.2 Partnerschaftsgesellschaft 77
3.6 Sonderfall: Gesellschaften bürgerlichen Rechts (GbR) und
Gemeinschaftskredite 77
   3.6.1 Gesamthands-GbR sowie vergleichbare Erben- und
   Kontengemeinschaften 78
   3.6.2 Sonderformen aufgrund von Haftungsvereinbarungen 79
   3.6.3 GbR mit Unternehmenseigenschaft 81
3.7 Strohmannkredite 83
3.8 Sonderfall: Kreditnehmende Ehegatten 85
   3.8.1 Nicht unternehmerisch tätige Ehegatten 86
   3.8.2 Unternehmerisch tätige Ehegatten 86
3.9 Die Risikoeinheit wegen bestehender wechselseitiger
finanzieller Abhängigkeiten 90

4 Umfang einer Kreditnehmereinheit 95

5 Anlagen 99
5.1 Bedeutende Stellungnahmen des BAKred zu § 19 Abs. 2 KWG 99
5.2 Für § 19 Abs. 2 KWG relevante Vorschriften des
Aktiengesetz (AktG) 108

Abkürzungen 115

Literatur 117

1 Grundlagen der Risikoeinheitenbildung

1.1 Zweck der Bankenaufsicht

Das Bankenaufsichtsrecht bildet eine spezielle Ausprägung der Gewerbeaufsicht zur Gläubigersicherung und Erhaltung der Funktionsfähigkeit des Bankgewerbes im Interesse der Gesamtwirtschaft.

Rechtliche Grundlage für die Bankenaufsicht bildet das **Gesetz über das Kreditwesen (KWG)**.[1] Einen Schwerpunkt der materiellen Bestimmungen des KWG bilden die Vorschriften zum Kreditgeschäft. Dies ist verständlich, denn das Kreditgeschäft ist nach wie vor der risikoreichste Geschäftszweig. So haben sich in der Vergangenheit die Vorsorgen für Kreditrisiken bei den deutschen Banken zumeist deutlich über 20 Mrd. DM pro Jahr bewegt. Auch die überwiegende Zahl der Fallissements von Banken war bislang durch Ausfälle im Kreditgeschäft bedingt.[2]

Die Grundlage für die wichtigsten Instrumente der Bankenaufsicht im Kreditbereich bilden die §§ 13 bis 19 KWG. So hat in den §§ 13 bis 18 KWG der Gesetzgeber präventive Regelungen für Kreditengagements festgelegt und in § 19 Abs. 1 KWG in Verbindung mit der Kreditbestimmungsverordnung(KredBestV) definiert, was als Kredit gilt.

Als besonders risikobehaftet werden angesehen:

- Kredite an einen Kreditnehmer, die insgesamt 15 % (ab 1.1.1999 10 %) des haftenden Eigenkapitals des Instituts[3] betragen oder übersteigen (sog. Großkredite, siehe §§ 13 ff. KWG),

---

[1] Vgl. Deutsche Bundesbank, Gesetz über das Kreditwesen, Bankrechtliche Regelungen 2, Frankfurt/M., März 1996, S. 6

[2] Vgl. Volkhard Szagunn, Karl Wohlschieß, Die Bankenaufsicht, in: Obst/Hintner, Geld-, Bank- und Börsenwesen, 39. Auflage, hrsg. von Norbert Kloten und Johann Heinrich von Stein, Stuttgart 1993, S. 274

[3] Zu den Instituten gehören seit der 6. KWG-Novelle nicht nur Kreditinstitute, sondern auch Finanzdienstleistungsinstitute.

- Kredite an Kunden mit engen persönlichen oder sachlichen Bindungen
an das kreditgewährende Kreditinstitut (sog. Organkredite, siehe §§ 15
bis 17 KWG).

Ein wichtiges Erkenntnismittel sowohl für die Bankenaufsicht als auch für
die meldepflichtigen Unternehmen ist die sog. Millionenkreditkontrolle nach
§ 14 KWG. Aufgrund dieser Vorschrift haben die Kreditgeber die von ihnen
gewährten und drei Mio. DM oder mehr betragenden Kredite der Bundesbank anzuzeigen. Meldepflichtig sind aufgrund der 6. KWG-Novelle nicht
nur Kreditinstitute und Versicherungen, sondern auch Finanzdienstleistungsinstitute im Sinne des § 1 Abs. 1a Satz 2 Nr. 4 KWG, d.h. Eigen-
händler, sowie Finanzunternehmen im Sinne des § 1 Abs. 3 Satz 1 Nr. 2 und
3 KWG, d.h. Factoring- und Leasingunternehmen.

Die Millionenkreditevidenz der Bundesbank faßt die gesamten Meldungen
zusammen und unterrichtet die betroffenen Kreditgeber von der gemelde-
ten Gesamtverschuldung ihrer Kunden.[4] Die 6. KWG-Novelle hat für die
Kreditgeber die Möglichkeit geschaffen, den in der Millionenkreditevidenz
ausgewiesenen Stand der Verschuldung eines Kreditnehmers bzw. einer
Kreditnehmereinheit bereits vor der Gewährung des Kredits zu erfahren.
Dem Kreditgeber muß jedoch die Einwilligung des betroffenen Kreditnehmers vorliegen.

§ 18 KWG verpflichtet zudem alle Institute, die Kreditwürdigkeit ihrer
Kunden vor der Krediteinräumung und danach laufend anhand entsprechender Unterlagen und Auskünfte zu prüfen und zu überwachen, wenn der
Kredit 500.000 DM[5] übersteigt und das Engagement nicht als risikolos angesehen wird.

1.2   Kreditnehmer und Kreditnehmerzusammenfassung

Das KWG und die vom Bundesaufsichtsamt für das Kreditwesen (BAKred)
erlassenen Verordnungen enthalten keine Vorschriften darüber, wer als
Kreditnehmer gilt. Der Gesetzgeber geht vielmehr davon aus, daß sich die

---

4   Vgl. Deutsche Bundesbank, Gesetz ..., a.a.O., S. 11
5   Im Zuge der 6. KWG-Novelle wurde diese Freigrenze von 250 TDM auf 500 TDM angehoben.

Kreditnehmereigenschaft zweifelsfrei aus der Natur der einzelnen Kreditge-
schäfte ergibt. Nach Auffassung des BAKred ist primär von juristischen
Gesichtspunkten auszugehen. Als Kreditnehmer wird regelmäßig derjenige
Rechtsträger angesehen, in dessen Vermögen die Kreditmittel übergegangen
sind, und der sich deshalb gegenüber dem Kreditgeber zur Rückerstattung
verpflichtet hat.[6]

§ 19 Abs. 2 KWG erweitert den primär juristischen Begriff des Kreditnehmers, indem er bestimmte, an sich rechtlich selbständige Kreditnehmer, die
wirtschaftlich als Einheit angesehen werden müssen, zu einer „Risikoeinheit" zusammenfaßt. Diese Regelung ist notwendig, weil

- die Bonität der einzelnen Schuldner in den in § 19 Abs. 2 KWG genannten Fällen eng mit der Bonität aller verbundenen Kreditnehmer zu-
  sammenhängt; d.h. die einzelnen rechtlich selbständigen Kreditnehmer
  bilden einen Risikoverbund;

- andernfalls die Bestimmungen über große Engagements dadurch um-
  gangen werden könnten, indem eine Kreditsumme auf mehrere zwar
  rechtlich selbständige, doch wirtschaftlich verbundene Kreditnehmer
  aufgeteilt wird.

Mit der 5. KWG-Novelle wurden u.a. die Bestimmungen der EG-Groß-
kredit-Richtlinie in deutsches Recht umgesetzt. In diesem Zusammenhang
ist die richtige Zusammenführung von Kunden zu Kreditnehmereinheiten
in § 19 Abs. 2 KWG neu geregelt worden, indem die Definition der Risikoeinheit aus Artikel 1 Buchstabe m Großkredit-Richtlinie[7] als Satz 1 übernommen wurde. Als Gruppe verbundener Kunden gelten nunmehr alle jene
Kreditnehmer, zwischen denen Beherrschungsverhältnisse oder unter bestimmten Umständen wirtschaftliche Abhängigkeiten bestehen. Diese Regelung geht über die früher angewendete Definition der Kreditnehmerein-

---

[6] Vgl. Friedrich Reischauer, Joachim Kleinhans, Loseblattkommentar zum Kreditwesengesetz, 1.
Band, Berlin 1963 mit Ergänzungslieferungen, Stand August 1996, Anmerkung 24 zu § 19 KWG

[7] Vgl. Richtlinie 92/121/EWG DES RATES vom 21.12.1992 über die Überwachung und Kontrolle
der Großkredite von Kreditinstituten, in: Amtsblatt der Europäischen Gemeinschaften Nr. L 29
vom 5.2.1993, S. 4

heit hinaus.[8] Die Begriffe „Kreditnehmereinheit" und „Risikoeinheit" werden dabei synonym verwendet.

1.3   Gesetzliche Vorgaben

Eine Kreditnehmereinheit liegt vor, wenn zwei oder mehr natürliche oder juristische Personen oder Personenhandelsgesellschaften nach § 19 Abs. 2 KWG als ein Kreditnehmer gelten. Konkret haben wir seit der 5. KWG-Novelle zwei Definitionen von Risikoeinheiten vorliegen.

Wer als ein Kreditnehmer gilt, hat der deutsche Gesetzgeber weiterhin einheitlich für die §§ 10, 13 bis 18 KWG definiert. Konkret bedeutet dies, daß auch der neue § 19 Abs. 2 KWG auf alle Kreditengagements anzuwenden ist.[9] Die Regelungen des § 19 Abs. 2 KWG gelten für alle Unternehmen, die den Vorschriften der §§ 10, 13 bis 18 KWG unterliegen. Die neuen gesetzlichen Regelungen sind nachfolgend dargestellt.

1.3.1   Risikoeinheiten nach § 19 Abs. 2 Satz 1 KWG

Nach dem **neuen Satz 1** gelten als ein Kreditnehmer:

- zwei oder mehr natürliche oder juristische Personen oder Personenhandelsgesellschaften, die insofern eine Einheit bilden, als eine von ihnen unmittelbar oder mittelbar beherrschenden Einfluß auf die andere oder die anderen ausüben kann (**1. Fallvariante**), oder

- die ohne Vorliegen eines solchen Beherrschungsverhältnisses als Risikoeinheit anzusehen sind, da die zwischen ihnen bestehenden Abhängigkeiten es wahrscheinlich erscheinen lassen, daß, wenn einer dieser Kreditnehmer in finanzielle Schwierigkeiten gerät, dies auch bei den anderen zu Zahlungsschwierigkeiten führt (**2. Fallvariante**).

---

[8] Vgl. Bundesrat, Drucksache 22/1994 vom 14.01.1994, Gesetzentwurf der Bundesregierung, Entwurf eines Gesetzes zur Änderung des Gesetzes über das Kreditwesen und anderer Vorschriften über Kreditinstitute, S. 53

[9] Die Übertragung der Risikoeinheit nach der Großkredit-Richtlinie war nach EU-Recht nur für Großkredite vorgegeben.

1.3.2 Risikoeinheiten nach § 19 Abs. 2 Satz 2 KWG

Nach dem **neuen Satz 2** (vorher Satz 1) liegen Risikoeinheiten insbesondere vor, bei

1. allen *Unternehmen*, die demselben Konzern angehören, (1. Alternative) oder

   Unternehmen, die durch Verträge verbunden sind, die vorsehen, daß das eine Unternehmen verpflichtet ist, seinen ganzen Gewinn an ein anderes Unternehmen abzuführen (2. Alternative)

   sowie

   in Mehrheitsbesitz (mehr als 50 % der Kapitalanteile oder Stimmrechte) stehende *Unternehmen* mit den an ihnen mit Mehrheit beteiligten Unternehmen oder Personen (3.Alternative).

2. Personenhandelsgesellschaften mit jedem persönlich haftenden Gesellschafter sowie Partnerschaften und jedem Partner

3. Personen und Unternehmen, für deren Rechnung Kredit aufgenommen wird, und denjenigen, die einen Kredit im eigenen Namen aufnehmen (Strohmannklausel).

1.3.3 Ausnahmen von der Zusammenfassung

Bei Mehrheitsbeteiligungen des Bundes, seiner Sondervermögen, der Länder, der Gemeinden oder Gemeindeverbände, der Europäischen Gemeinschaften, anderer Mitgliedstaaten der Europäischen Gemeinschaft oder Vertragsstaaten des Abkommens über den Europäischen Wirtschaftsraum (EWR) sowie bestimmter Regionalregierungen und örtlicher Gebietskörperschaften in anderen Vertragsstaaten des EWR und ausländische Zentralregierungen verzichtet das Gesetz auf eine Kreditnehmerzusammenfassung (§ 19 Abs. 2 Satz 2 Nr. 1 a bis d KWG).

Bereits im Vorgriff auf die 6. KWG-Novelle stellte das BAKred Zentralregierungen der Zone B[10] bis auf weiteres den Regionalregierungen der Zone

---

[10] Zu den Zone B Staaten gehören alle Länder, die nicht Zone A Staaten sind. Zone A umfaßt die Staaten des europäischen Wirtschaftsraums, die Vollmitgliedstaaten der Organisation für wirtschaftliche Zusammenarbeit und Entwicklung sind, sofern sie nicht innerhalb der letzten fünf Jahre ihre Auslandsschulden umgeschuldet oder vor vergleichbaren Zahlungsschwierigkeiten gestanden haben, sowie die Staaten, die mit dem Internationalen Währungsfonds besondere Kreditabkommen im Zusammenhang mit dessen Allgemeinen Kreditvereinbarungen getroffen haben.

A gleich. Eine ähnliche Regelung könnte das BAKred auch für Supranationale Organisationen und andere Völkerrechtssubjekte treffen.

Auch Unterordnungskonzerne werden grundsätzlich nicht gebildet. Die Ausnahme gilt ausdrücklich für die Vorschrift des § 19 Abs. 2 **Satz** 2 Nr. 1 KWG(5.).[11]

Es bleibt abzuwarten, ob das BAKred namentlich bei beherrschendem Einfluß von Regionalregierungen oder örtlichen Gebietskörperschaften in anderen Staaten des EWR die Zusammenfassung unmittelbar auf § 19 Abs. 2 Satz 1 KWG stützt.

Die Zusammenfassungsvorschriften gelten ferner nicht für Kredite nach §§ 13, 13 a und 13 b KWG:[12]

- an Unternehmen, die in die Zusammenfassung der Großkredite nach § 13b einbezogen sind (z.B. Kreditinstitute, Finanzinstitute, Unternehmen mit bankbezogenen Hilfsdiensten im Konzern oder Beteiligungsunternehmen ab 50 % Beteiligungsquote),

- an Mutter- und Schwesterunternehmen, die in einem anderen EG-Staat oder Vertragsstaat des Abkommens über den EWR entsprechend der Großkredit-Richtlinie konsolidiert beaufsichtigt werden,

- von staatlichen Förderbanken (z.B. Thüringer Aufbaubank) an andere Kreditinstitute, die nach dem Hausbankprinzip weitergeleitet werden, wenn die jeweilige Kreditforderung gegenüber dem Endkreditnehmer an das Förderinstitut abgetreten ist (vgl. § 19 Abs. 3 KWG).

1.4   Pflichten der Kreditgeber

Für die Kreditgeber selbst liegt die richtige Bildung von Kreditnehmereinheiten (KNE) im eigenen Interesse, um die Risiken zu erkennen, die in einer engen rechtlichen oder wirtschaftlichen Bindung zwischen verschiedenen kreditnehmenden Unternehmen und Personen liegen können. Sie gewinnen zunehmend an Bedeutung, da immer mehr Kreditkunden ihre wirtschaftli-

---

11 Vgl. Hans Paul Bisani, Risikoeinheiten im Kreditgeschäft nach der 5. KWG-Novelle, in: Sparkasse 3/1996, S. 130

12 Siehe ferner § 19 Abs. 4 und Abs. 5 KWG

chen Aktivitäten auf verschiedene Unternehmen verlagern, um steuerliche oder haftungsrechtliche Vorzüge auszunutzen.[13] Das deutsche Gesellschaftsrecht, das als stark individuell disponierbar angesehen werden muß, kommt den Kreditnehmern hierbei sehr entgegen. So haben die Unternehmer und Gesellschafter die Möglichkeit durch autonome Vertragsgestaltung die gesetzlich normierten Grundtypen der Unternehmen bzw. Gesellschaften ihren Erfordernissen im Einzelfall anzupassen.[14] Diese Gestaltungsmöglichkeiten haben oft erheblichen Einfluß auf die von Seiten der Kreditgeber vorzunehmende Bildung von Risikoeinheiten.

Die Zusammenfassung der Kreditnehmer nach § 19 Abs. 2 KWG ist eine dem jeweiligen Kreditgeber obliegende Pflicht.[15] Sie ist für alle Kreditgeber von großer Bedeutung bei:

- der Festlegung der Kreditkompetenz der Entscheidungsträger;
- dem Erarbeiten von Kreditbeschlüssen;
- der Kreditüberwachung, Kreditkontrolle, Kreditrevision;
- der Beachtung von § 18 KWG (Offenlegen der wirtschaftlichen Verhältnisse);
- den Anzeigen nach §§ 13, 13a, 13 b und 14 KWG;
- den Organkrediten nach § 15 f. KWG;
- den nach § 10 Abs. 2 und Abs. 4 KWG vom haftenden Eigenkapital abzugspflichtigen Krediten.

Die Bankaufsichtsbehörden erwarten von den Kreditgebern, daß sie fortlaufend prüfen, ob ein Kreditnehmer mit anderen Personen und/oder Unternehmen eine Risikoeinheit bildet. Liegt eine solche vor, so ist in den bankaufsichtlichen Meldungen die Zuordnung zu dieser Kreditnehmerein-

---

[13] Beispiele hierfür sind die Betriebsaufspaltung und die GmbH & Co. KG

[14] Vgl. Gerd Rose, Cornelia Glorius-Rose, Unternehmungsformen und -verbindungen, 2. überarbeitete Auflage, Köln 1995, S. 18

[15] Bundesaufsichtsamt und Deutsche Bundesbank haben lediglich die Aufgaben, zu Zweifelsfragen des § 19 Abs. 2 KWG Stellung zu nehmen und die einheitliche Gesetzesanwendung durch die Kreditinstitute zu überwachen.

heit zu begründen und die Kreditnehmereinheit zu beschreiben.[16] Dies erfordert bei jedem Kreditgeber eine zutreffende Ermittlung der zwischen einzelnen Kreditnehmern bestehenden Beziehungen und eine sorgfältige Verschlüsselung der Kreditnehmerstammdaten. Für Kreditgeber erscheint es daher ratsam, eine Arbeitsregelung zur Bildung von Risikoeinheiten nach § 19 Abs. 2 KWG einzuführen.

Aus Sicht der Kreditgeber mag die Bildung von Risikoeinheiten manchmal als lästiger Verwaltungsaufwand erscheinen. Es sollte jedoch bedacht werden, daß die Zusammenfassung der Kreditnehmer – wie das Meldewesen schlechthin – so etwas wie die Visitenkarte einer Bank ist. Unterlassene Zusammenfassungen, die zu anzeigepflichtigen Krediten geführt hätten, können die Bankenaufsicht grundsätzlich mißtrauisch machen. So haben BAKred und Landeszentralbanken schon öfters festgestellt, daß die unsachgemäße Bildung von Risikoeinheiten letztlich nur die Spitze eines Eisbergs war und weitergehende Nachforschungen auch Probleme in anderen Bereichen des Kreditgeschäfts offenbarten.

Machen die der Bankenaufsicht unterstellten Unternehmen schuldhaft unrichtige oder unvollständige Angaben (vgl. § 56 Abs. 1 Nr. 4 KWG), kann das BAKred diese Ordnungswidrigkeiten mit einer Geldbuße ahnden. Darüber hinaus kann es in schwerwiegenden Fällen die fachliche Eignung und/oder persönliche Zuverlässigkeit der verantwortlichen Geschäftsleiter in Frage stellen.

1.5   Vorgehensweise bei der Bildung von Risikoeinheiten

Zu berücksichtigen ist, daß Risikoeinheiten unabhängig davon zu bilden sind, ob einzelne Gruppenmitglieder tatsächlich Kredite beim Kreditgeber beanspruchen. *Beispiele:*

---

[16] Vgl. Deutsche Bundesbank, Evidenzzentrale für Millionenkredite, Merkblatt für die Abgabe der Millionenkreditanzeigen nach § 14 KWG, Bankrechtliche Regelungen 7, Frankfurt/M. April 1996, S. 23; Deutsche Bundesbank, Merkblatt für Anzeigen gem. § 13 und § 13 a KWG, Frankfurt/M. 20. Februar 1996, S. 23 f.

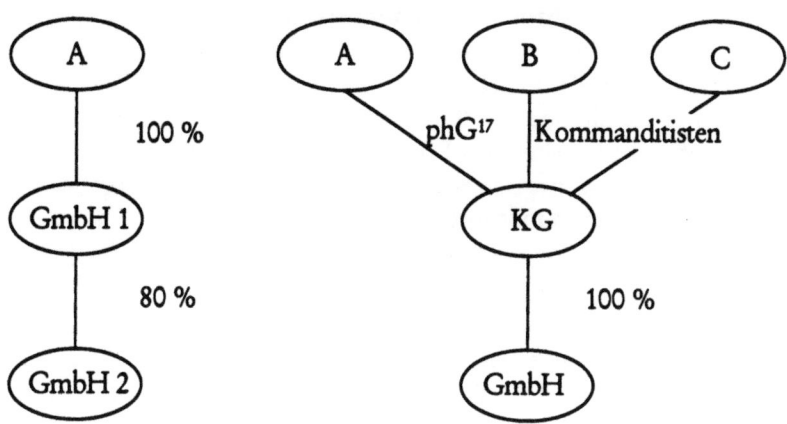

Hier ist eine umfassende KNE aus A + GmbH 1 + GmbH 2 zu bilden, auch wenn die GmbH 1 keinen Kredit beansprucht.

Hier bilden (unter der Annahme, daß kein Kommanditist die Kapitalmehrheit an der KG hat) A + KG + GmbH eine KNE, auch wenn die KG selbst keinen Kredit beansprucht.

Die **Konkurseröffnung** über das Vermögen eines Gliedes einer Kreditnehmereinheit führt nicht dazu, daß dieses aus der Kreditnehmereinheit ausscheidet.

Nachdem der Gesetzgeber mit dem neuen Satz 1 des § 19 Abs. 2 KWG zwei zusätzliche Zusammenfassungsmöglichkeiten geschaffen hat, stellen sich für den Praktiker die Fragen:

• Welche Intuition verfolgt der Gesetzgeber?

• Wie hat die Praxis bei der Bildung von Risikoeinheiten vorzugehen?

Mit der Kombination der beiden Definitionen von Risikoeinheiten hat der Gesetzgeber zwei Ziele verfolgt:

---

[17] PhG ist die verwendete Abkürzung für „persönlich haftender Gesellschafter"

1. **Die bisher bewährte Zusammenfassungspraxis soll grundsätzlich beibehalten werden.** Hierzu wurde in § 19 Abs. 2 KWG die Definition der Großkredit-Richtlinie als Satz 1 vorangestellt und in Satz 2 die „altbewährte" Definition der Kreditnehmereinheit als der **Regelfall** der Risikoeinheit beibehalten. Im Ergebnis führt dies dazu, daß die bisher geltenden Zusammenfassungsgebote weiterhin als sog. Regelfall-Zusammenfassungstatbestände ihre Bedeutung behalten.

2. Das BAKred hat in seinem Rundschreiben 3/97 vom 24.2.1997 ausdrücklich darauf hingewiesen, daß § 19 Abs. 2 Satz 2 KWG gesetzestechnisch als unwiderlegbare Rechtsvermutung konzipiert ist. Für die Zusammenfassungspraxis bedeutet dies, daß „Adressen", die unter einen der Tatbestände des § 19 Abs. 2 Satz 2 KWG fallen, zu einer Kreditnehmereinheit zusammenzufassen sind, und zwar unabhängig davon, ob sie sich unter eine der Fallvarianten des § 19 Abs. 2 Satz 1 KWG unterordnen lassen oder nicht.[18]

3. In Fällen, in denen in der Vergangenheit aus rechtlichen Gründen eine Zusammenfassung nicht möglich war, jedoch wegen der Risikolage angebracht ist, sollen nunmehr Risikoeinheiten gebildet werden können.[19] Im Ergebnis wird es jetzt Fallkonstellationen geben, in denen über die altbewährten Zusammenfassungsgebote hinaus Risikoeinheiten zusätzlich zu bilden sind.

Wegen der Kompliziertheit der Materie und der in der Regel erforderlichen zusätzlichen Berücksichtigung der rechtlichen und wirtschaftlichen Umstände des Einzelfalles wird man in der Praxis mit nicht unerheblichen Auslegungsschwierigkeiten zu kämpfen haben.

Bei Bildung von Risikoeinheiten sollte folgender **Ratschlag** beachtet werden:

1. Schritt:
Es ist regelmäßig zuerst auf § 19 Abs. 2 **Satz 2** KWG abzustellen, d.h. die Bildung von Risikoeinheiten nach den sog. altbewährten Regelfall-Zusammenfassungstatbeständen hat Vorrang. Im einzelnen sind dies:

---

[18] Dies gilt z.B. für den Gleichordnungskonzern, bei dem zwingend keine Beherrschungsmöglichkeit vorliegt und auch eine wechselseitige finanzielle Abhängigkeit im allgemeinen nicht gegeben sein wird.

[19] Vgl. Bundesrat, Drucksache 22/1994 ...a.a.O., S. 82 f

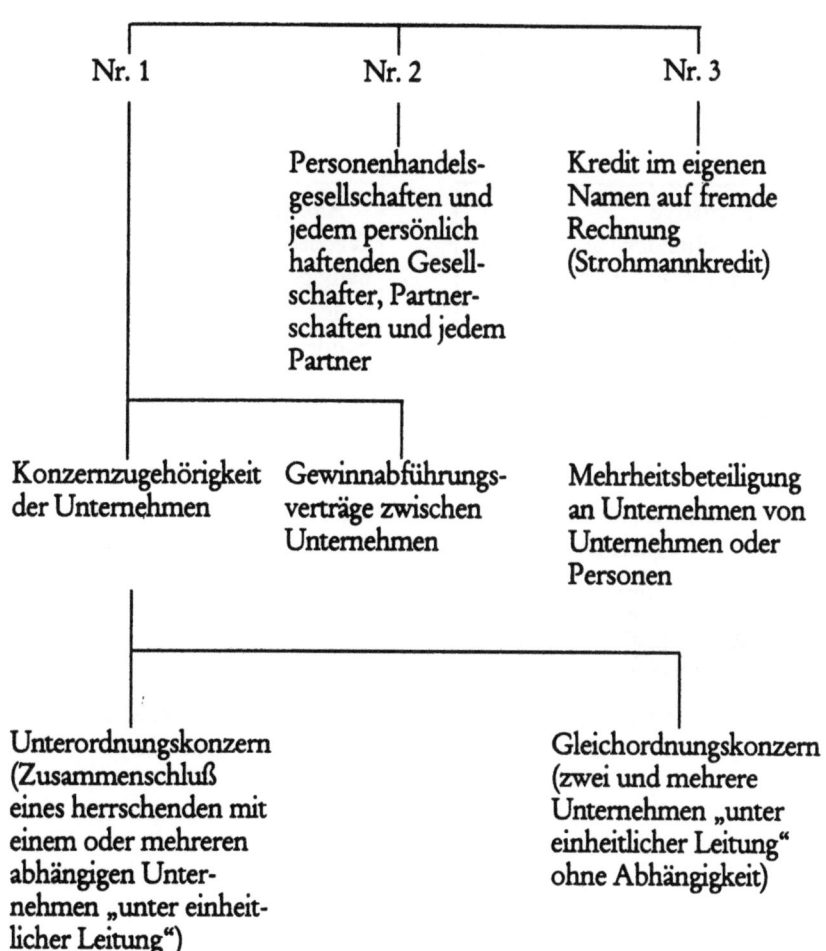

2. Schritt:

Erst wenn nach diesem Satz 2 eine Kreditnehmereinheit nicht gebildet werden kann, ist zu prüfen, ob eine Zusammenfassung nach dem neuen Satz 1 notwendig ist.

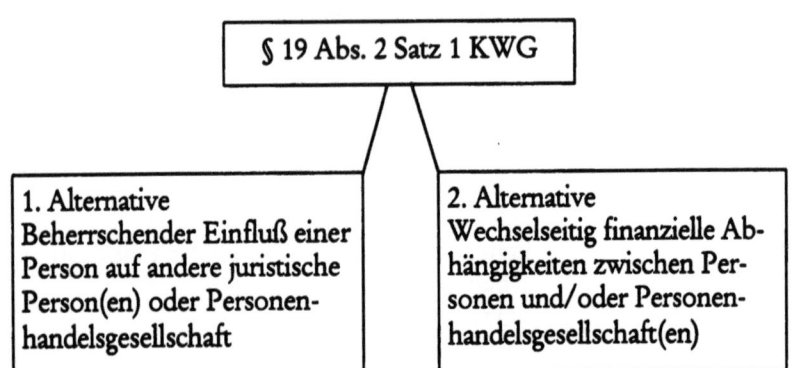

Der Zusammenfassungstatbestand „beherrschender Einfluß" (siehe Abschnitt 3.4, S. 71 ff.) ist stets vor der wechselseitigen finanziellen Abhängigkeit zu prüfen. Letzteres Zusammenfassungskriterium wird zumeist nur in Einzelfällen möglich und notwendig sein.

Zu bedenken ist ferner, daß

- § 19 Abs. 2 KWG auch in seiner erweiterten Fassung nicht alle (denkbaren) wirtschaftlichen Risikoeinheiten erfaßt und

- bei Wirtschaftsgesetzen und somit auch bei § 19 Abs. 2 KWG Praxisänderungen durch Rechtsfortschreibung juristisch normale Vorgänge sind.

2 Begriffsdefinitionen

Eine zutreffende Anwendung der gesetzlichen Regelungen durch den Kreditgeber verlangt die Kenntnis der entsprechenden Begriffsdefinitionen. Der nachfolgende Abschnitt gibt einen Überblick über die für die Bildung von Risikoeinheiten relevanten Begriffe: natürliche Personen, juristische Personen, Personenzusammenschlüsse, Personenhandelsgesellschaften, Konzerne und Unternehmen sowie beherrschender Einfluß, wirtschaftliche Abhängigkeiten und Zahlungsschwierigkeiten.

2.1 Personen und Personenzusammenschlüsse

Im rechtstechnischen Sinne versteht das Bürgerliche Gesetzbuch (BGB) den Begriff „Person" als ein Subjekt, das Träger von Rechten und Pflichten ist. Das für den zivilrechtlichen Personenbegriff entscheidende Merkmal ist die Rechtsfähigkeit.[20] Das bedeutet, daß die Personen als Rechtssubjekte am Rechtsverkehr teilnehmen, indem sie Verträge abschließen oder Verpflichtungen eingehen und dergleichen mehr.[21]

Für § 19 Abs. 2 KWG relevant ist die Fähigkeit, Kredite aufzunehmen. § 19 Abs. 2 Satz 1 KWG unterscheidet daher wie das BGB zwischen natürlichen Personen und juristischen Personen. Von den Personenzusammenschlüssen werden im § 19 Abs. 2 KWG nur die Personenhandelsgesellschaften genannt. Die nachfolgend aufgeführten Personen und Personenzusammenschlüsse sind auch die Träger der Unternehmen (siehe Abschnitt 2.2.1.1, S. 41).

2.1.1 Natürliche Personen

Nätürliche Personen sind die Menschen. Mit Vollendung der Geburt erlangen sie nach § 1 BGB die Rechtssubjektqualität. Mit Erreichen bestimmter

---

[20] Rechtsfähigkeit bedeutet, selbständig Träger von (subjektiven) Rechten und Pflichten zu sein.

[21] Vgl. Eugen Klunzinger, Einführung in das Bürgerliche Recht, 5. Auflage, München 1993, S. 25

Altersstufen erreichen sie die beschränkte oder die volle Geschäftsfähigkeit.[22] Wer geschäftsfähig ist, kann rechtswirksame Willenserklärungen abgeben.

Natürliche Personen können Kredite sowohl für private Zwecke als auch für ihr Einzelunternehmen (= wirtschaftliche Betätigung) aufnehmen.

2.1.2 Juristische Personen

Neben den natürlichen Personen kennt die Rechtsordnung juristische Personen als eine Kunstschöpfung der Rechtsordnung. Juristische Personen sind Personenvereinigungen oder Vermögensmassen mit vom Gesetz anerkannter rechtlicher Selbständigkeit. Sie besitzen als besondere Rechtssubjekte eine eigene Rechtsfähigkeit und damit auch Parteifähigkeit. Die Handlungsfähigkeit der juristischen Person wird durch ihre Organe gewährleistet. Sie kann also wie der Mensch Rechte erwerben, klagen und verklagt werden sowie Verbindlichkeiten eingehen. Man unterscheidet juristische Personen des öffentlichen Rechts und des Privatrechts.

2.1.2.1 Juristische Personen des Öffentlichen Rechts

Juristische Personen des öffentlichen Rechts bestehen aufgrund öffentlich rechtlicher Anerkennung (z.B. Kirchen) und können grundsätzlich nur durch Gesetz oder durch Hoheitsakt mittels eines Gesetzes (z.B. Stiftungen) errichtet werden. Zu den juristischen Personen des öffentlichen Rechts, die als Kreditnehmer von Bedeutung sein können, gehören nach der deutschen Rechtsordnung:

* Anstalten,
* Körperschaften und
* Stiftungen des öff. Rechts.

Nicht zu den juristischen Personen gehören Staaten und andere Völkerrechtssubjekte.

Sog. **Regie- bzw. Eigenbetriebe** der öffentlichen Hand sind lediglich wirtschaftlich und organisatorisch verselbständigte Einheiten, die **keine eigene Rechtspersönlichkeit** besitzen. Kommunale Eigenbetriebe findet man vor

---

[22] Vgl. Klunzinger, a.a.O., S. 89 ff

allem als sog. Stadtwerke für Wasser, Energie und Verkehr. Kreditgewährungen an solche Kreditnehmer sind wie ein Kredit an den jeweiligen Träger zu betrachten. Ist z.B. der Träger eine Kommune wird der Kredit nach § 20 Abs. 2 KWG als „risikolos" eingestuft und es erfolgen weder eine Großkredit- noch eine Millionenkreditanzeige (§ 20 Abs. 6 KWG). Die den Eigenbetrieb tragende Gebietskörperschaft ist nach § 19 Abs. 2 Satz 2 KWG auch nicht Spitze einer Risikoeinheit (siehe Abschnitt 1.3.3, S. 15 f.).

2.1.2.1.1 Anstalten

Öffentlich rechtliche Anstalten sind Verwaltungseinrichtungen, die einem bestimmten Nutzungszweck dienen. Sie werden vom sog. Anstaltsträger aufgrund eines Gesetzes durch gestaltenden hoheitlichen Akt geschaffen. Über Mitglieder im eigentlichen Sinne verfügen sie nicht. Beispiele sind die Bundesanstalt für Arbeit, Rundfunk- und Fernsehanstalten, Sparkassen, Förderkreditinstitute etc.

Bei öffentlich-rechtlichen Anstalten bestehen aktive und passive Beteiligungsfähigkeit.[23] Ihre Leitung obliegt regelmäßig einem Vorstand.

2.1.2.1.2 Körperschaften

Körperschaften sind wesentlich auf der Mitgliedschaft der ihnen zugehörigen Personen aufgebaut; d.h. sie sind verbandsförmig organisiert. Beispiele für Hauptarten der Körperschaften des öffentlichen Rechts sind:

- Gebietskörperschaften (Gemeinden und Gemeindeverbände),
- Personal- oder Vereinskörperschaften (Berufskammern etc.),
- Träger der Sozialversicherung (Allg. Ortskrankenkassen).

Bei Gebietskörperschaften (Gemeinden oder Gemeindeverbände) verzichtet das Gesetz, wie in Abschnitt 1.3.3, S. 15 f., dargelegt, auf eine Kreditnehmerzusammenfassung (§ 19 Abs. 2 Satz 2 Nr. 1 a KWG).

---

[23] Aktive Beteiligungsfähigkeit ist die Fähigkeit, sich an anderen Unternehmen (juristische Personen oder Personenzusammenschlüsse) zu beteiligen; passive Beteiligungsfähigkeit heißt, Dritten die Möglichkeit einzuräumen, sich an der Anstalt zu beteiligen.

Körperschaften können Beteiligungen an anderen Unternehmen erwerben und diese beherrschen.

2.1.2.1.3 Öffentlich-rechtliche Stiftungen

Eine Stiftung des öffentlichen Rechts ist ein mit eigener Rechtspersönlichkeit ausgestatteter Vermögensbestand, der vom Stifter einem bestimmten gemeinnützigen Stiftungszweck gewidmet worden ist.

An einer Stiftung ist niemand beteiligt. Theoretisch kann sie aktiv Beteiligungen erwerben und die betreffenden Unternehmen beherrschen. Als Kreditnehmer haben sie praktisch keine Bedeutung. In Risikoeinheiten kommen sie daher nur selten vor.

2.1.2.2 Juristische Personen des Privaten Rechts

Zu den juristischen Personen des Privatrechts gehören der rechtsfähige Verein, die Kapitalgesellschaften, Stiftungen des privaten Rechts, die Genossenschaften und Versicherungsvereine auf Gegenseitigkeit.

2.1.2.2.1 Rechtsfähiger Verein

Das BGB unterscheidet zwischen Vereinen, deren Zweck auf einen wirtschaftlichen Geschäftsbetrieb gerichtet ist (§ 22 BGB) und den sog. Idealvereinen (§ 21 BGB). Rechtsfähige wirtschaftliche Vereine (e.V.), denen regelmäßig die Unternehmenseigenschaft zuzusprechen ist, erlangen ihre Rechtsfähigkeit durch staatliche Verleihung. Sie sind in der Praxis vergleichsweise selten (z.B. ADAC) und als Kreditnehmer kaum anzutreffen. Vereine können freilich Beteiligungen an anderen Unternehmen erwerben und diese beherrschen.

2.1.2.2.2 Stiftung des Privatrechts

Stiftungen sind Zweckvermögen. Zur Entstehung einer rechtsfähigen Stiftung ist ein Stiftungsgeschäft und eine staatliche Genehmigung erforderlich. Die Rechtsgrundlagen finden sich in den §§ 80 ff BGB.

Das Vermögen der Stiftung stammt regelmäßig von einem oder mehreren Stiftern. Nach Durchführung des sog. „Stiftungsgeschäfts" hat der Stifter keinen Anspruch mehr auf das gestiftete Vermögen. An der Stiftung ist somit niemand beteiligt. Eine Stiftung kann jedoch aktiv Beteiligungen erwerben.

2.1.2.2.3 Kapitalgesellschaften

Kapitalgesellschaften gelten als Körperschaften, d.h. sie haben als juristische Person eine eigene Rechtspersönlichkeit. In wirtschaftlicher Hinsicht besitzen sie neben dem festgelegten gezeichneten Kapital nahezu immer einen erwerbswirtschaftlichen Zweck mit Gewinnerzielungsabsicht. Mögliche Kapitalgesellschaften nach deutschem Recht sind die GmbH, die AG und die KG aA. Das Recht der Kapitalgesellschaften ist weitgehend „dispositives" Recht, d.h. zur Disposition der Gesellschafter gestelltes (mithin nachgiebiges) Recht.

2.1.2.2.3.1 Gesellschaft mit beschränkter Haftung

Die Gesellschaft mit beschränkter Haftung (GmbH) ist eine Handelsgesellschaft und Kaufmann im Sinne des HGB mit körperschaftlicher Organisation und eigener Rechtspersönlichkeit. Sie kann zu jedem zulässigen – auch nicht gewerblichen – Zweck gegründet werden.

Die GmbH hat ein durch die Satzung bestimmtes Stammkapital (mind. 50 TDM), das der Summe der von den Gesellschaftern zu leistenden Stammeinlagen entspricht. Für die Gesellschaftsschulden haftet den Gläubigern nur die Gesellschaft. Der Gesellschaftsvertrag bedarf notarieller Form und ist von sämtlichen Gesellschaftern zu unterzeichnen. Die GmbH entsteht erst durch die Eintragung ins Handelsregister (§ 11 Abs. 1 GmbHG). Ist vor der Eintragung im Namen der Gesellschaft gehandelt worden, so haften die Handelnden persönlich und solidarisch.[24] Dies ist bei eventuellen Kreditaufnahmen zu bedenken. Haben die Handelnden für sich selbst Kredite aufgenommen und wird bei der Ausreichung die Großkreditschwelle überschritten, sollte die Bank im eigenen Interesse die Handelndenhaftung berücksichtigen. Ist der Kredit an die GmbH i.G. lediglich ein Kredit nach § 14 KWG (Millionenkredit), ist die **Handelndenhaftung** in den bankaufsichtlichen Meldungen nur dann zu berücksichtigen, wenn absehbar ist, daß

---

[24] Näheres hierzu siehe in Baumbach, Hueck, GmbH-Gesetz, Becksche Kurz-Kommentare, Band 20, 16. Auflage, München 1996, Anmerkungen zu § 11

sich die Handelsregistereintragung der Gesellschaft über mehr als zwei Meldeperioden[25] nach § 14 KWG hinziehen wird.[26] Dies wird jedoch nur in Ausnahmefällen zutreffen.

Die „operative" oder „derivative" Leitung der GmbH erfolgt durch ihre Geschäftsführer. Sie stellen das wichtigste Handlungsorgan der Gesellschaft dar. Als Geschäftsführer kommen sowohl Gesellschafter als auch Nichtgesellschafter in Frage. Die Bestellung der Gesellschafter erfolgt in der Regel durch die Gesellschafterversammlung, die das Willensbildungsorgan der GmbH darstellt. Die „originäre" Leitungsmacht geht somit von den Gesellschaftern aus. Wir können daher die beiden Extremtypen: „Gesellschafterleitung" einerseits und „Geschäftsführerleitung" andererseits unterscheiden, die insbesondere bedeutsam sind, wenn das Vorliegen eines Gleichordnungskonzerns überprüft wird (zum Gleichordnungskonzern siehe Abschnitt 2.2.2.2, S. 47). Aufgrund entsprechender Kompetenzabgrenzungen der beiden Organe werden in der Praxis zumeist nicht diese Reinformen, sondern Mischformen anzutreffen sein.

An einer GmbH kann sich jeder beteiligen. Auch die GmbH kann aktiv an anderen Unternehmen Beteiligungen erwerben. Die GmbH-Satzung kann ferner stimmrechtslose Geschäftsanteile schaffen. Darüber hinaus können bezüglich des Stimmrechts in der Satzung weitere abweichende Regelungen getroffen werden. Denkbar sind u. a.:

- das Stimmrecht von der Einlagenleistung abhängig zu machen,
- das Stimmrecht nach Köpfen vorzusehen,
- einzelnen Geschäftsanteilen Mehrstimmrechte zu verleihen usw.

In diesen Fällen, die vor allem für die Kreditnehmerzusammenfassung nach dem Konzerntatbestand, der Mehrheitsbeteiligung oder nach dem beherrschenden Einfluß relevant sind, werden die Einflußmöglichkeiten bestimmter Gesellschafter zu Gunsten anderer geschwächt. Die Höhe des Stammkapitals kann dadurch nur noch die Basis für die Ermittlung der Kapitalmehrheit sein. Die Stimmrechtsmehrheit ist dagegen von der Zahl der

---

[25] Siehe § 14 KWG

[26] Vgl. Landeszentralbank im Freistaat Sachsen und in Thüringen, Mitteilung an die Kreditinstitute in Sachsen und Thüringen Nr. 5, vom 23.3.1993, S. 3

Stimmrechte abhängig. Auch Stimmbindungsverträge unter den GmbH-Gesellschaftern sind ggf. zu beachten.

2.1.2.2.3.2 Aktiengesellschaft

Die im Aktiengesetz geregelte Gesellschaftsform ist als die typische Kapitalgesellschaft zu bezeichnen, obwohl sie zahlenmäßig bei weitem nicht so häufig vorkommt wie die GmbH. In der Bundesrepublik Deutschland stehen z.B. den 650.000 GmbH nur etwa 3.400 Aktiengesellschaften (AG) gegenüber. Die AG ist die Rechtsform der Großunternehmen und die meisten deutschen AG sind in einen Konzern (siehe Abschnitt 2.2.2, S. 46 ff.) eingebunden. Die Rechtsform AG bietet folglich uneingeschränkte aktive und passive Beteiligungsfähigkeit.

Nach § 1 AktG hat die AG eine eigene Rechtspersönlichkeit. Sie ist Handelsgesellschaft und Kaufmann im Sinne des HGB. Die Gesellschaft entsteht erst durch Eintragung in das Handelsregister. Die Satzung, die sich die AG gibt, ist notariell zu beurkunden. Ihre Organe sind Vorstand, Aufsichtsrat und Hauptversammlung. Der Vorstand ist das Leitungs- bzw. Geschäftsführungs- und Vertretungsorgan. Dem Aufsichtsrat obliegt die Überwachung des Vorstands. Die Hauptversammlung ist als Versammlung der Aktionäre das oberste Organ der AG. Ihre wichtigste Aufgabe ist die Beschlußfassung.

Für die Verbindlichkeiten der AG haftet allein das Gesellschaftsvermögen. Das von den Aktionären gezeichnete Kapital wird als Grundkapital bezeichnet. Es muß nach § 7 AktG mindestens 100.000 DM betragen und ist in Aktien zerlegt, die auf einen bestimmten Nennbetrag (mind. 5 DM) lauten.

Die Aktien können im Hinblick auf die Mitgliedsrechte unterschiedlich ausgestattet sein. Nach § 11 AktG bilden Aktien mit gleichen Rechten eine Aktiengattung. Man unterscheidet zwischen:

- **Stammaktien**, die mit vollen Gewinn- und Vermögensrechten ausgestattet sind, und

- **Vorzugsaktien.** Diese sind zumeist mit einem Dividendenvorzug[27] ausgestattet, was jedoch regelmäßig an die Inkaufnahme des Stimmrechtsverzichts gekoppelt ist.

Die Unterscheidung der Aktiengattungen ist für die Ermittlung der Stimmrechtsmehrheit von Bedeutung (siehe Abschnitt 3.1, S. 53 ff.). In diesem Zusammenhang ist auch zu beachten, daß eine Aktiengesellschaft nach § 71 Abs. 1 AktG eigene Aktien erwerben kann. Zu den Auswirkungen auf die Berechnung der Mehrheitsbeteiligung siehe Abschnitt 3.1.2, S. 58 ff. Das Aktienrecht läßt weitere Gestaltungsmöglichkeiten zu. Beispielsweise kann durch die Satzung eine Beschränkung des Stimmrechts für den einzelnen Aktionär vorgegeben werden.

2.1.2.2.3.3 Kommanditgesellschaft auf Aktien

Die Kommanditgesellschaft auf Aktien (KG aA) ist in den §§ 278 bis 290 AktG geregelt. Sie ist eine Mischform zwischen AG und KG.

Nach § 278 Abs. 1 AktG ist die KG aA eine Gesellschaft mit eigener Rechtspersönlichkeit, bei der mindestens ein Gesellschafter den Gesellschaftsgläubigern unbeschränkt haftet (Komplementäre) und die übrigen an dem in Aktien zerlegten Grundkapital beteiligt sind, ohne persönlich für die Verbindlichkeiten der Gesellschaft zu haften (Kommanditaktionäre). Komplementäre können sowohl natürliche als auch juristische Personen sein. Sie müssen keine Kapitaleinlage erbringen. Die Gesellschaft entsteht erst mit Eintragung in das Handelsregister.

Gemäß § 278 Abs. 2 AktG sind die persönlich haftenden Gesellschafter zur Führung der Geschäfte der KG aA berechtigt und verpflichtet. Als sog. „geborener Vorstand" repräsentieren sie mithin die Leitung der Gesellschaft. Durch vertragliche Vereinbarungen könnte ihre Geschäftsführungsbefugnis jedoch eingeschränkt werden (§ 163f. HGB). Die KG aA ist keine Personenhandelsgesellschaft. Sie kann daher mit ihrem(n) persönlich haftenden Gesellschafter(n) keine Kreditnehmereinheit nach § 19 Abs. 2 Satz 2 Nr. 2

---

[27] Als Dividendenvorzüge kommen z.B. in Frage: Vorzugsdividende mit prioritätischem Dividendenanspruch, Vorzugsdividende mit prioritätischem Dividendenanspruch und Überdividende oder limitierte Vorzugsdividende.

KWG bilden. Eine Zusammenfassung ist vielmehr auf den Konzerntatbestand, beherrschenden Einfluß oder die Mehrheitsalternative abzustellen.

Die KG aA besitzt eine aktive Beteiligungs- und Beherrschungsfähigkeit. Aber auch eine passive Beteiligungs- und Beherrschungsfähigkeit ist denkbar. Beispiele hierfür sind:

- Ein Kommanditaktionär hält die Mehrheit der Kapitalanteile,
- Komplementär hat nur eine Treuhänderfunktion (z.B. für einen Konzern) inne,
- Komplementär ist eine Kapitalgesellschaft (z.B. GmbH), die selbst Teil eines Konzerns ist.

2.1.2.2.4 Genossenschaft

Die Genossenschaft (eG) ist im Genossenschaftsgesetz geregelt. Nach §§ 1 und 17 GenG ist sie eine Gesellschaft mit eigener Rechtspersönlichkeit und mit nicht geschlossener Mitgliederzahl, deren Zweck darauf gerichtet ist, den Erwerb oder die Wirtschaft der Mitglieder mittels gemeinschaftlichem Geschäftsbetriebes zu fördern. Mitglieder können sowohl natürliche und juristische Personen als auch Personengesellschaften sein.

Die eG entsteht gemäß §§ 10 und 13 GenG erst mit Eintragung in das Genossenschaftsregister. Sie ist juristische Person und Kaufmann im Sinne des HGB. Ihre Organe sind:

- Vorstand,
- Aufsichtsrat und
- General- bzw. Vertreterversammlung als Beschlußorgan.

Den Gläubigern einer Genossenschaft haftet nach § 2 GenG nur das Vermögen der Genossenschaft. In der Satzung ist jedoch zumeist vereinbart, daß die Genossen im Falle des Konkurses, beschränkt auf eine bestimmte Haftsumme, Nachschüsse zu leisten haben.

Eine Genossenschaft darf sich nach § 1 Abs. 2 GenG nur an Gesellschaften und sonstigen Personenvereinigungen beteiligen, wenn diese Beteiligung der Förderung der Mitglieder der Genossenschaft oder, ohne den alleinigen oder überwiegenden Zweck der Genossenschaft zu bilden, gemeinnützigen Bestrebungen der Genossenschaft zu dienen bestimmt ist.

Die Beherrschung einer Genossenschaft durch einen einzelnen Genossen ist ausgeschlossen, da gemäß § 4 GenG mindestens immer sieben Genossen vorhanden sein müssen und das Stimmrecht in der Generalversammlung nicht von der Anzahl der gezeichneten Geschäftsanteile abhängt. Bei Genossenschaften ist das sog. Kopfstimmrecht üblich. Durch § 43 Abs. 3 GenG können einem Genossen höchstens drei Stimmen gewährt werden. Ein Genosse könnte jedoch an einer eG die Mehrheit der gezeichneten Geschäftsanteile, d.h. die Kapitalmehrheit, halten.

2.1.2.2.5 Versicherungsverein auf Gegenseitigkeit

Der im Versicherungsaufsichtsgesetz (VAG) geregelte Versicherungsverein auf Gegenseitigkeit (VVaG) ist eine Vereinigung von Personen, deren Beteiligung im Verein mit einem Versicherungsverhältnis verbunden ist. Er ist rechtsfähig und der Genossenschaft (siehe Abschnitt 2.1.2.2.4, S. 31f.) ähnlich. Nach den §§ 34 bis 36 VAG finden die Vorschriften des AktG auf den VVaG entsprechende Anwendung.

Der VVaG kann sich an anderen Unternehmen beteiligen, also Konzernspitze oder Mehrheitsgesellschafter in einer Kreditnehmereinheit sein.

2.1.3 Personenzusammenschlüsse

Unter den Begriff der Personen des § 19 Abs. 2 Satz 1 und Satz 2 Nr. 1 3. Alt. KWG fallen nicht nur natürliche und juristische Personen, sondern auch die Personenzusammenschlüsse, die zwar selbst nicht Rechtssubjekt sind, aber in Teilbereichen rechtlich ebenso behandelt werden. Hierzu gehören die Personengesellschaften (Gesellschaften des bürgerlichen Rechts und sonstige Kontengemeinschaften, die Personenhandelsgesellschaften, Partnerschaftsgesellschaften) und nicht rechtsfähige Vereine. Die Personenzusammenschlüsse entstehen durch einen Vertrag.

2.1.3.1 Gesellschaft des bürgerlichen Rechts

Die Gesellschaft bürgerlichen Rechts (GbR) ist der Grundtypus der Personengesellschaft. Nach § 705 BGB ist sie ein vertraglicher Zusammenschluß mehrerer Personen zur Förderung eines gemeinsamen beliebigen Zwecks. Die GbR weist keine eigene Rechtspersönlichkeit auf, vielmehr existiert sie nur in Form der Gesellschafter in ihrer gesamthänderischen Verbundenheit;

d.h. es existiert keine „BGB-Gesellschaft" als solche, die verpflichtet werden könnte. Der Gesellschaftsvertrag ist nicht formbedürftig und kann jederzeit verändert werden, da es sich weitestgehend um dispositives Recht handelt.

Die §§ 705 ff BGB enthalten keine Aussage über den Umfang der Gesellschafterhaftung. Es ist daher auf die allgemeinen Regelungen des BGB (§§ 420 ff) zurückzugreifen. Wird danach eine unteilbare Leistung von mehreren geschuldet, so haften sie als Gesamtschuldner. Es können aber auch andere Haftungsregelungen vereinbart werden. Bei einer sog. Quoten-GbR ist die persönliche Haftung der Gesellschafter gegenüber dem Kreditgeber aufgrund einer entsprechenden Vereinbarung – zumeist im Kreditvertrag – auf eine Quote an den Gesellschaftsschulden beschränkt. Die Haftung der GbR-Gesellschafter gegenüber dem Kreditgeber kann aufgrund einer entsprechenden Vereinbarung – i.d.R. im Kreditvertrag – auch auf das Gesamthandsvermögen beschränkt und eine Nachschußpflicht ausgeschlossen werden. Zu den Auswirkungen auf die Kreditnehmerzusammenfassung siehe Abschnitt 3.6, S. 77 ff., Bei Kreditvergaben an eine GbR wird der Kreditgeber in der Regel einen Gesellschaftsvertrag in Schriftform verlangen. Die Führung der Geschäfte steht in der GbR nach § 709 Abs. 1 BGB allen Gesellschaftern gemeinschaftlich zu. Die Geschäftsführung (Leitung im Innenverhältnis) kann jedoch durch Gesellschaftsvertrag abweichend geregelt werden (§§ 709 Abs. 2; 710, 711 BGB). Solche Vereinbarungen können für eine Zusammenfassung nach den Tatbeständen: „beherrschender Einfluß, Konzern oder Mehrheitsbeteiligung" relevant sein.

Die Verwendungsmöglichkeiten der GbR im Wirtschaftsleben sind vielfältig. Sie kann daher in verschiedenen Bereichen als Kreditnehmer auftreten. Beispiele hierfür sind:

- Arbeitsgemeinschaften (im Baubereich),
- Zusammenschlüsse von Nicht- oder Minderkaufleuten (z.B. gemeinschaftlicher Betrieb einer Gastwirtschaft),
- Landwirtschaftliche Zusammenschlüsse,
- Vorgesellschaften von Kapitalgesellschaften und der Partnerschaftsgesellschaft,
- Besitzgesellschaften (z.B. bei der Betriebsaufspaltung),

- Freiberuflergemeinschaften
  (z.B. Rechtsanwaltssozietät, ärztliche Gemeinschaftspraxis),
- Gelegenheitsgesellschaften (z.B. Konsortien),
- Holding-Gesellschaften und vieles mehr.

Von der Personenhandelsgesellschaft grenzt sie sich dadurch ab, daß sie kein Grundhandelsgewerbe[28] im Sinne von § 1 Abs. 2 HGB betreibt. Sie ist daher zur Führung einer im Handelsregister eingetragenen Firma nicht berechtigt. Bei einer vollkaufmännischen Betätigung liegt faktisch eine OHG vor. Es ist grundsätzlich zu bedenken, daß bei gewerblich tätigen GbR die Grenzen zu einem Grundhandelsgewerbe fließend sind, so daß die Gesellschaft bei einer Erweiterung ihrer Tätigkeit zur OHG werden kann. Zusammenfassungskriterium für eine Risikoeinheit wäre dann § 19 Abs. 2 Satz 2 Nr. 2 KWG.

2.1.3.2 Nicht rechtsfähiger Verein

Von der GbR unterscheidet sich der nicht rechtsfähige Verein insbesondere durch seine körperschaftliche, d.h. satzungsmäßig geregelte Verfassung. Zu den nicht rechtsfähigen Vereinen gehören z.B. Gewerkschaften und Arbeitgeberverbände. Auf den nicht rechtsfähigen Verein finden nach § 54 S. 1 BGB die Vorschriften über die GbR Anwendung.

2.1.3.3 Personenhandelsgesellschaften

Bei Personenhandelsgesellschaften (PHG) ist der Zweck, den die Gesellschaft betreibt spezialisiert. Sie müssen notwendigerweise ein vollkaufmännisches Gewerbe betreiben. Zu den PHG gehören die OHG und die KG. Für Personenhandelsgesellschaften gelten die Vorschriften des HGB. Ergänzend finden die Vorschriften über die GbR (siehe Abschnitt 2.1.3.1, S. 32 ff.) Anwendung (§§ 105 Abs. 2 und 161 Abs. 2 HGB). Gesellschaften des bürgerlichen Rechts sind keine Personenhandelsgesellschaften, da für sie nicht das Handelsrecht, sondern das BGB gilt. Auch die stille Gesellschaft ist keine Handelsgesellschaft.

---

[28] Der Begriff des Gewerbes (im Sinne der Gewerbeordnung) ist umfassender als der des Grundhandelsgewerbes nach § 1 Abs. 2 HGB.

Das Recht der Personenhandelsgesellschaften ist weitgehend dispositives Recht.

2.1.3.3.1 Offene Handelsgesellschaft

Die Offene Handelsgesellschaft (OHG) ist eine Gesellschaft, deren Zweck auf den Betrieb eines Handelsgewerbes unter gemeinschaftlicher Firma gerichtet ist und bei der jeder Gesellschafter unbeschränkt, unmittelbar, solidarisch und persönlich haftet. Die Rechtsgrundlagen dieser Unternehmungsform sind in den §§ 105 bis 160 HGB geregelt. Diese Vorschriften enthalten weitgehend nachgiebiges Recht. Die OHG ist keine juristische Person, sie tritt aber im Rechtsverkehr als eine geschlossene Einheit unter ihrer Firma auf. OHG-Gesellschafter können sowohl natürliche und/oder juristische Personen als auch Personenzusammenschlüsse sein.

„Die Leitungsmacht der OHG steht nach dem Gesetz jedem Gesellschafter zu. Der Gesellschaftsvertrag kann jedoch die Geschäftsführung einem oder mehreren Gesellschaftern übertragen und die übrigen von der Geschäftsführung ausschließen".[29] Darüber hinaus kann der Gesellschaftsvertrag das Stimmrecht nach dem Stand der Kapitalkonten festsetzen. Solche Regelungen sind ggf. für eine Zusammenfassung nach dem Konzerntatbestand von Bedeutung.

2.1.3.3.2 Kommanditgesellschaft

Die Kommanditgesellschaft (KG) ist eine Gesellschaft, deren Zweck auf den Betrieb eines Handelsgewerbes unter gemeinschaftlicher Firma gerichtet ist und bei der die Haftung eines oder mehrerer Gesellschafter gegenüber den Gesellschaftsgläubigern summenmäßig beschränkt ist (Kommanditisten), während mindestens ein Gesellschafter (Komplementär) gegenüber den Gläubigern unbeschränkt haftet.[30]

Die teilweise unterschiedlichen Rechte und Pflichten der KG-Gesellschafter sind in den §§ 161 bis 177 a HGB geregelt.

---

[29] Gerd Rose, Cornelia Glorius-Rose, a.a.O., S.48

[30] Vgl. Reinhard Geck, Die Kommanditgesellschaft, in: NWB Nr. 23 vom 3.6.1991, Fach Nr. 18, S. 3115

Die Kapitalanteile der Kommanditisten sind nominell und werden in der festgelegten Höhe auch in das Handelsregister eingetragen. Eine Veränderung des Kommanditkapitals durch Privatentnahmen ist ausgeschlossen. Haben die Kommanditisten das gezeichnete Kapital voll eingezahlt, so werden Gewinnanteile der Kommanditisten nicht den Kapitalkonten gutgeschrieben, sondern als Auszahlungsverbindlichkeiten der Gesellschaft gegenüber dem Kommanditisten auf einem Gesellschafterdarlehenskonto ausgewiesen. Verluste werden mit dem Kapitalkonto verrechnet. Das Kapitalkonto wird dann aus späteren Gewinnen wieder aufgefüllt.

Der Kapitalanteil des Komplementärs stellt – wie bei den OHG-Gesellschaftern – zumeist eine bewegliche Größe dar, die durch Einlagen, Entnahmen, Gewinne und Verluste ständig verändert werden kann. Den Komplementären steht nach dem Gesetz die Leitung der KG zu.

Das Verhältnis der Gesellschafter untereinander ist weitgehend frei gestaltbar. Die gesetzlichen Vorschriften greifen nur ein, wenn der Gesellschaftsvertrag nichts Abweichendes enthält. Durch Gesellschaftsvertrag besteht u.a. die Möglichkeit, die Rechtsbeziehungen der Kommanditisten zu den Komplementären wesentlich zu verändern. So kann z.B. die Stellung der Kommanditisten auf Kosten der Komplementäre ausgebaut werden. Es ist sogar zulässig, die Geschäftsführung einem Komplementär zu entziehen und auf einen oder mehrere Kommanditisten zu übertragen.[31] Auch wenn derartige Vereinbarungen nach Außen keine Wirkung haben und es damit bei der Zusammenfassung des Komplementärs mit der KG nach § 19 Abs. 2 Satz 2 Nr. 2 bleibt, sind sie bei der ggf. zusätzlich notwendigen Zusammenfassung nach dem Konzerntatbestand zu berücksichtigen.

2.1.3.4 Stille Gesellschaft

Die stille Gesellschaft ist die vertragliche Vereinbarung zwischen einem Geschäftsinhaber (Kaufmann) und *einem* Kapitalgeber, dessen Einlage in das Vermögen des Geschäftsinhabers übergeht. Sie betreibt kein Handelsgewerbe und ist eine reine Innengesellschaft. Nach Außen tritt immer nur die Rechtsform des Geschäftsinhabers in Erscheinung. Eine Haftung des stillen Gesellschafters gegenüber den Gesellschaftsgläubigern besteht nicht. Als

---

[31] Vgl. hierzu Eugen Klunzinger, Grundzüge..., a.a.O., S. 105 f

stille Gesellschafter kommen natürliche und juristische Personen sowie Personenzusammenschlüsse in Frage. Im Unterschied zu allen anderen Gesellschaften ist die Zahl der Gesellschafter auf zwei beschränkt. Ein Geschäftsinhaber kann jedoch mehrere stille Gesellschafter (dann i.d.R. Kreditgeber) aufnehmen, indem er mit jedem eine stille Gesellschaft eingeht. Es ist aber auch möglich, daß sich die Kapitalgeber als GbR organisieren, die sich dann als stiller Gesellschafter beteiligt.

Die Rechtsgrundlagen finden sich in den §§ 230 bis 237 HGB. Darüber hinaus sind die Vorschriften des BGB über die GbR (§§ 705 ff) anzuwenden, soweit die Normen die Innenbeziehungen der Gesellschafter betreffen.

Die Gesellschafter haben die Möglichkeit, durch spezielle Vereinbarungen ihre Rechtsbeziehungen frei zu regeln. Dadurch kann z. B. der stille Gesellschafter auch der faktische Inhaber des Unternehmens sein und sich hinter dem nach außen in Erscheinung tretenden Geschäftsinhaber verbergen.[32]

In der Praxis kommt die stille Gesellschaft in zwei Grundformen vor:

- Die typische stille Gesellschaft stellt ein Gläubigerverhältnis mit Gewinn- und ggf. Verlustbeteiligung dar. Am Geschäftsvermögen und damit an den stillen Reserven ist der stille Gesellschafter nicht beteiligt. Seine Einlage wird als Betrag ausgedrückt. Für die Bildung von Risikoeinheiten zwischen stille Gesellschaft und stiller Gesellschafter hat dieser Typ keine Bedeutung.

- Bei der atypischen stillen Gesellschaft wird durch den Gesellschaftsvertrag die Rechtsstellung des stillen Gesellschafters erweitert, indem er neben seiner Gewinn- und Verlustbeteiligung zusätzlich am gesamten Geschäftsvermögen, d.h. auch an den stillen Reserven und am offen ausgewiesenen Vermögenszuwachs beteiligt ist. Der stille Gesellschafter wird damit Mitunternehmer im Sinne des Einkommensteuerrechts. Die Beteiligung wird hier als Quote ausgedrückt. Der atypisch stille Gesellschafter kann bei entsprechender Einlage durchaus Mehrheitsgesellschafter sein (siehe Abschnitt 3.1.1, S. 53 ff.).

---

[32] Vgl. Ulrich Dornieden, Friedrich-Wilhelm May, Horst Probst, Unternehmensfinanzierung, Wiesbaden 1993, S. 19

2.1.3.5 Partnerschaftsgesellschaft

Zur Ausübung eines Freien Berufes bieten sich neben der Einzelpraxis zusätzlich verschiedene Rechtsformalternativen an. Mit dem am 1.7.1995 in Kraft getretenen Partnerschaftsgesellschaftsgesetz (PartGG) wurden diese zusätzlich um die Variante Partnerschaftsgesellschaft (PartG) erweitert. Sie soll folglich die Zusammenarbeit von Freiberuflern ermöglichen.

Die Vorschriften des PartGG verweisen zudem auf die Regelungen des BGB über die GbR (§ 1 Abs. 4 PartGG) und auf die Vorschriften des HGB. Die PartG übt kein Handelsgewerbe aus. Der Partnerschaftsvertrag bedarf der Schriftform und die Gesellschaft ist in das Partnerschaftsregister einzutragen. Im Verhältnis zu Dritten wird die Partnerschaft erst mit der Eintragung aller Partner in das Partnerschaftsregister wirksam. Sollten die Geschäfte vor der Eintragung begonnen haben, ist nach § 1 Abs. 4 PartGG das Recht für die GbR anzuwenden.

Angehörige der PartG können nur natürliche Personen sein. Diese Gesellschaftsform kann daher nicht von einer juristischen Person beherrscht werden. Sofern die Partner gleichberechtigt sind ist auch eine Beherrschung durch eine natürliche Person nicht anzunehmen. Eine Partnerschaft kann sich jedoch an anderen Unternehmen und Gesellschaften gleich welcher Rechtsform beteiligen. Eine PartG kann daher jederzeit beherrschenden Einfluß ausüben, Mehrheitsgesellschafter oder Spitze eines Unterordnungskonzerns sein.

In Anlehnung an die OHG ist die PartG teilrechtsfähig. Sie ist Inhaberin des Gesellschaftsvermögens, grundbucheintragungsfähig und im Prozeß parteifähig. Bezüglich der Geschäftsführung enthält das PartGG nach der Art der Geschäfte eine differenzierte Regelung. Im Bereich der sonstigen Geschäfte – sie umfassen alle Tätigkeiten, die keine freiberufliche Erwerbstätigkeit sind –, ist durch Gesellschaftsvertrag ein Ausschluß einzelner Gesellschafter möglich. Damit können Funktionen wie Leitung, Organisation, Rechnungswesen auf einzelne Partner übertragen werden. Von der Führung der eigentlichen Geschäfte, d.h. der freiberuflichen Tätigkeit, kann jedoch kein Gesellschafter ausgeschlossen werden. Ansonsten richtet sich die Geschäftsführung und Vertretung der PartG gemäß § 6 Abs. 3 und § 7 Abs. 3 PartGG nach den entsprechenden Regeln für die OHG.

Die Mitglieder der PartG haften gemäß § 8 Abs. 1 PartGG als Gesamtschuldner neben der PartG persönlich, unbeschränkt, unmittelbar und primär. Eine Haftungsbeschränkung der Partner auf das Gesellschaftsvermögen der PartG – wie sie bei der GbR vereinbart werden kann, siehe Abschnitt 2.1.3.1, S. 32 ff., – kommt nicht in Betracht. Die in § 8 PartGG vor-
gesehene Haftungskonzentration bezieht sich nur auf Ansprüche aus fehler-
hafter Berufsausübung, nicht auf den hier interessierenden Fall regulärer
Gesellschaftsverbindlichkeiten wie Bankdarlehen.[33]

2.1.3.6 Europäische wirtschaftliche Interessenvereinigung

Die Europäische wirtschaftliche Interessenvereinigung (EWIV) ist eine
Rechtsform des EU-Gemeinschaftsrechts, die die grenzüberschreitende
Zusammenarbeit insbesondere kleiner und mittlerer Unternehmen und
Freiberufler erleichtern soll, mit dem Ziel, deren Wettbewerbsfähigkeit zu
steigern. Sie wurde auf der Grundlage des Art. 235 EU-Vertrag durch EG-
Verordnung vom 25.7.1985 geschaffen. In der näheren Ausgestaltung wurde
sie der Gesetzgebung der Mitgliedstaaten überlassen. Nach dem deutschen
Ausführungsgesetz vom 14.4.1988, das auch auf das Recht der OHG
(§§ 105 ff HGB) verweist, ist sie eine OHG-ähnliche Personengesellschaft
mit kooperativen Elementen (Mitgliederversammlung, Mehrheitsbeschluß,
Drittorganschaft).[34] In den anderen EU-Staaten ist die EWIV eine juristische Person.[35]

Der Mitgliederkreis der EWIV muß grenzüberschreitend sein. Als Mitglieder kommen neben natürlichen Personen auch Personenzusammenschlüsse
in Frage. Die Mitglieder haften für die Verbindlichkeiten der Interessenvereinigung persönlich, gesamtschuldnerisch und unbeschränkt. Die unmittelbare Inanspruchnahme der Mitglieder geht allerdings der Inanspruchnahme
der EWIV selbst im Range nach.

---

[33] Vgl. Hans Paul Bisani, Josef Scherer, Die Partnerschaftsgesellschaft und ihre Partner als Kreditnehmer, in: Sparkasse 6/1996, S. 290
[34] Vgl. Uwe Hüffer, Gesellschaftsrecht. 4. Auflage, München 1996, S. 257
[35] Vgl. Gerd Rose, Cornelia Glorius-Rose, a.a.O., S. 193

2.1.3.7 Partenreederei

Nach § 489 HGB ist die Partenreederei die Vereinigung mehrerer Personen zur Verwendung eines Ihnen gemeinsam gehörenden Schiffes. Der Gesellschaftsvertrag ist weitgehend frei durch die Gesellschafter gestaltbar. Die im Vertrag getroffenen Vereinbarungen sind daher für die richtige Bildung von Kreditnehmereinheiten relevant. Nach der gesellschaftsrechtlichen Einordnung stellt die Partenreederei eine Gesamthand dar (vgl. Abschnitt 2.1.3.1, S. 32 ff.). Bei persönlicher Haftung der Mitreeder einer Partenreederei für deren Kreditaufnahme bemißt sich z.B. die persönliche Haftung der Mitreeder nach der Höhe ihres Geschäftsanteils (Schiffspart). Kreditvergaben sind in diesem Fall entsprechend den Regelungen für eine Quoten-GbR zu behandeln.[36]

Eine Partenreederei kann sich nicht an anderen Unternehmen beteiligen, weil ihr Sachziel auf die Seefahrt mit einem Schiff beschränkt ist.[37]

2.2 Unternehmen und Konzerne

Für die Bildung von Risikoeinheiten nach Satz 2 ist die Kenntnis der Begriffe „Konzern" und „Unternehmen" von Bedeutung.

2.2.1 Unternehmen

Es gibt weder in der Betriebswirtschaftslehre noch in der Rechtsordnung einen einheitlichen Unternehmensbegriff. Das Handelsgesetzbuch spricht z.B. vom Handelsgewerbe, das Betriebsverfassungsgesetz vom Betrieb und das Konzernrecht vom „Unternehmen". Auch im KWG ist der Unternehmensbegriff weder definiert noch erläutert.

Sowohl unter betriebswirtschaftlichen als auch unter rechtswissenschaftlichen Gesichtspunkten kann jedoch das Unternehmen bzw. die Unternehmung als eine Entscheidungs- und Vermögenseinheit angesehen werden.

---

[36]   Vgl. Deutsche Bundesbank, Evidenzzentrale ..., a.a.O., S. 39

[37]   Vgl. Gerd Rose, Cornelia Glorius-Rose, a.a.O., S. 6

2.2.1.1 Personen und Personenmehrheiten als Unternehmensträger

Unter rechtlichen Gesichtspunkten stehen für das Betreiben eines Unternehmens verschiedene Rechtsformen zur Verfügung. Dabei sind freilich nur diejenigen Rechtsformen möglich, die die Rechtsordnung zuläßt. Formal gesehen wird jedes Unternehmen von einem Träger betrieben, dem es zugeordnet werden kann. Als Träger kommen die bereits in Abschnitt 2.1, S. 23 ff., aufgeführten Personen oder Personenmehrheiten in Frage. Ein **Einzelunternehmen** zum Beispiel wird von einer einzelnen natürlichen Person betrieben. Beispiele hierfür sind:

- gewerbliche Einzelunternehmen (z.B. Einzelkaufleute[38], Handwerker)
- freiberufliche Einzelunternehmen
  (z.B. Steuerberater, Architekten, Rechtsanwälte, Ärzte)
- sonstige Einzelunternehmen
  (z.B. Land- und Forstwirte, Mietshaus- oder Werkshallenbesitzer)

Im Handelsregister eingetragene Einzelfirmen erhalten z.B. bei bankaufsichtlichen Meldungen von der Bundesbank eine eigene Kreditnehmer-Nummer und werden ggf. mit dem Inhaber (Träger) zu einer „gedanklichen Kreditnehmereinheit" zusammengefaßt.[39]

Am Einzelunternehmen kann eine passive Beteiligung nur in Form der stillen Gesellschaft bestehen. Die aktive Beteiligungsfähigkeit an anderen Unternehmen oder Unternehmensträgern ist – wie eben bei der natürlichen Person auch – voll gegeben.

2.2.1.2 Unternehmen im Sinne des Konzernrechts

Im Rahmen des § 19 Abs. 2 Satz 2 KWG ist der Unternehmensbegriff des Konzernrechts, das im Aktiengesetz geregelt ist, maßgeblich (... Unternehmen die demselben Konzern angehören). Im konzernrechtlichen Sinne ist nach herrschender Meinung[40] zu unterscheiden zwischen

---

[38] Hierzu gehören: Muß-Kaufleute, Soll-Kaufleute, Form-Kaufleute, Minderkaufleute

[39] Vgl. Deutsche Bundesbank, Evidenzzentrale ..., a.a.O., S. 21

[40] Sie vertritt den sog. teleologischen Unternehmensbegriff.

- übergeordneten/herrschenden (für die Spitze eines Unterordnungs-konzerns relevant),
- nachgeordneten/abhängigen (für die nachgeordneten Unternehmen eines Unterordnungskonzerns relevant) und
- gleichgeordneten (für einen Gleichordnungskonzern relevant).

Dabei besteht weitgehend Einigkeit, daß die Begriffe für das „übergeordne-te/herrschende Unternehmen" einerseits und für „nachgeordnete/abhängige bzw. gleichgeordnete Unternehmen" andererseits unterschiedlich ausfallen. Die in den §§ 15 ff AktG aufgestellten allgemeinen Prinzipien gelten für alle Unternehmensrechtsformen.

Bei wechselseitigen Mehrheitsbeteiligungen oder beherrschendem Einfluß gelten nach § 19 Abs. 3 AktG beide Unternehmen gleichzeitig als überge-ordnet (herrschend) und nachgeordnet (abhängig).

2.2.1.2.1 Übergeordnetes Unternehmen

Als **übergeordnetes Unternehmen** ist jeder Gesellschafter eines Unter-nehmens ohne Rücksicht auf seine Rechtsform anzusehen, der neben seiner Beteiligung wirtschaftliche Interessen außerhalb der Gesellschaft verfolgt, die die Annahme rechtfertigen, der Anteilseigner könne ein unternehmeri-sches Fremdinteresse geltend machen. Ausgenommen sind Staaten und andere Völkerrechtssubjekte. Der damit verfolgte Zweck ist es, die Gesell-schaft, d.h. das nachgeordnete Unternehmen, vor fremden Interessen zu schützen. Entscheidend ist hier die Sicht aus dem Blickwinkel der Gesell-schaft, an der die Beteiligung besteht, und nicht die des herrschenden Un-ternehmens.

Kapitalgesellschaften (siehe Abschnitt 2.1.2.2.3, S. 27 ff.), Genossenschaften (siehe Abschnitt 2.1.2.2.4, S. 31 f.) und Personenhandelsgesellschaften (siehe Abschnitt 2.1.3.3, S. 34 ff.) sind schon allein aufgrund ihrer Rechtsform Vollkaufleute und damit Unternehmen im konzernrechtlichen Sinne.[41]

---

[41] Sie hätten z.B. die Möglichkeit, ihre Einflußrechte auf das nachgeordnete Unternehmen zugunsten des eigenen Unternehmensinteresses auszunutzen.

Stiftungen und Vereine, die keine Handelsgesellschaften sind, können – z.B. wenn sie selbständige Geschäftsinteressen verfolgen oder mehrere Beteiligungen halten – ein übergeordnetes Unternehmen sein, das dem genannten Interessenkonflikt ausgesetzt ist.

Die **Gemeinnützigkeit** einer juristischen Person steht ihrer Unternehmenseigenschaft im konzernrechtlichen Sinne nicht entgegen.[42]

Auch bei einer GbR (siehe Abschnitt 2.1.3.1, S. 32 ff.), die an mehreren anderen Unternehmen maßgebliche Beteiligungen hält, liegt dieses gesellschaftsrechtliche Fremdinteresse und damit ihre Unternehmenseigenschaft als übergeordnetes Unternehmen vor.[43]

Bei juristischen Personen des öffentlichen Rechts wird die Unternehmenseigenschaft bejaht, wenn sie sich wirtschaftlich betätigen. Bei den öffentlich rechtlichen Unternehmen, gibt es dabei solche ohne eigene Rechtsfähigkeit (z.B. Eigenbetriebe der Kommunen) und solche mit Rechtsfähigkeit. Zu letzteren gehören Anstalten, Körperschaften und Stiftungen. Bei Eigenbetrieben, die keine eigene Rechtspersönlichkeit besitzen, ist jedoch auf die Ausnahmetatbestände des § 20 Abs. 2 Nr. 1 und Abs. 6 Nr. 2 KWG hinzuweisen (siehe hierzu Abschnitte 1.3.3, S. 15 f., und 2.1.2.1, S. 24 ff.), die den Unternehmensträger ggf. begünstigen.

Eine natürliche Person (Gesellschafter) ist als übergeordnetes Unternehmen anzusehen, wenn sie

1. mindestens zwei Beteiligungen hält, wovon eine Beteiligung eine maßgebliche (=Mehrheits-)Beteiligung sein muß[44] oder

2. neben der Beteiligung an einer Gesellschaft einen eigenen Kaufmannsbetrieb führt oder einer freiberuflichen Tätigkeit nachgeht.

Dies verdeutlichen nachfolgende Beispiele:

---

[42] Gemeinnützigkeit ist ein steuerrechtlicher Begriff.

[43] Würde die GbR jedoch nur Anteile an einem Unternehmen halten, wäre sie wegen des dann nicht gegebenen gesellschaftsrechtlichen Fremdinteresses noch kein übergeordnetes Unternehmen.

[44] Als andere Beteiligung reicht hier eine Minderheitsbeteiligung aus; sie muß aber ein unternehmerisches Fremdinteresse vermitteln.

Beispiel 1:

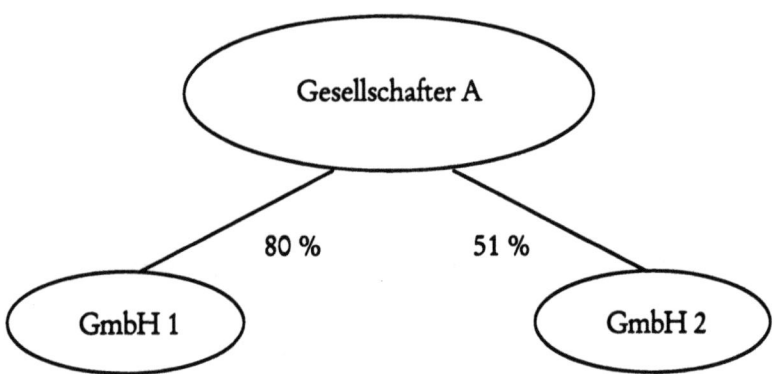

Ergebnis: Gesellschafter A ist aus Sicht der beiden GmbHs übergeordnetes Unternehmen, weil er in GmbH 2 die Interessen der GmbH 1 durchsetzen könnte bzw. umgekehrt.

Beispiel 2:

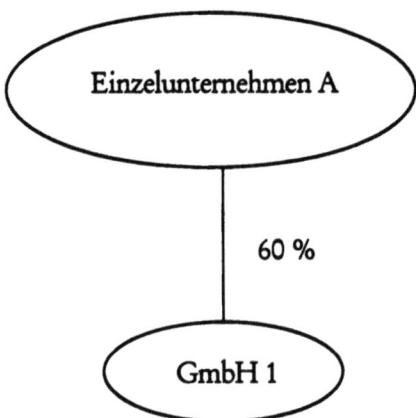

Ergebnis: A ist übergeordnetes Unternehmen, weil A die Interessen seines Einzelunternehmens in der GmbH durchsetzen könnte.

Es ist in der Rechtsprechung zudem anerkannt, daß der beherrschende Einfluß nicht nur von einem Unternehmen, sondern auch von einer Unternehmens- bzw. Personengruppe ausgehen kann (siehe hierzu Abschnitt 3.8, S. 85 ff.). Dies ist vor allem dann anzunehmen, wenn die Anteilseignergruppe (in der kein Mehrheitsgesellschafter vorhanden ist) mit ihren Beteiligungen eine gemeinsame Unternehmenspolitik und gleichgerichtete Interessen verfolgen. Zum Nachweis der gemeinschaftlichen Verbundenheit und der gemeinsamen Interessenverfolgung, z.B. bestimmter Familienmitglieder, sind insbesondere die Regelungen in Gesellschaftsverträgen heranzuziehen.

2.2.1.2.2 Nachgeordnetes und gleichgeordnetes Unternehmen

Nach Auffassung der Bankenaufsicht ist hier eine weite Auslegung vorzunehmen.

Als **nachgeordnetes** und **gleichgeordnetes** Unternehmen ist jede rechtlich besonders organisierte Entscheidungs- und Vermögenseinheit anzusehen, und zwar unabhängig davon, ob ein Geschäftsbetrieb unterhalten wird oder ob unternehmerische Ziele verfolgt werden (d.h. auch eine Besitz-GbR kann ein solches Unternehmen sein). Die im Einzelfall gewählte Unternehmensrechtsform spielt dabei keine Rolle.

2.2.1.3   Unternehmenseigenschaft nach § 19 Abs. 2 Satz 1 KWG nicht erforderlich

§ 19 Abs. 2 Satz 1 KWG (5.) verlangt für die Bildung von Risikoeinheiten nicht mehr die **Unternehmenseigenschaft**. Somit können künftig z.B. zwei oder mehrere natürliche Personen eine Kreditnehmereinheit bilden, wenn die zwischen ihnen bestehenden Abhängigkeiten zur Übertragung von Zahlungsschwierigkeiten führen können. Auch „gemeinnützige Einrichtungen" und Organisationen ohne Erwerbszweck lassen sich in Kreditnehmereinheiten einbeziehen, was bislang an deren fehlender Unternehmenseigenschaft gelegentlich gescheitert ist.

Die Unternehmenseigenschaft der Kreditnehmerglieder muß aber nach wie vor vorliegen, wenn Risikoeinheiten nach den Regelfallvarianten: Konzern oder Mehrheitsalternative gebildet werden.

2.2.2 Konzern

Konzerne sind allgemein dadurch charakterisiert, daß Unternehmen bei rechtlicher Selbständigkeit der Unternehmensträger (i.d.R. Gesellschaften) eine wirtschaftliche Einheit bilden. Alle unter einheitlicher Leitung stehenden Unternehmen bilden einen Konzern. Die einzelnen Unternehmen sind Konzernunternehmen. Die **einheitliche Leitung** ist somit das **konstitutive Merkmal** des Konzerns. Durch dieses Merkmal unterscheidet er sich auch von den anderen Unternehmensverbindungen der §§ 15 ff AktG.

2.2.2.1 Unterordnungskonzern

Ein Unterordnungskonzern (UOK) liegt vor, wenn ein herrschendes bzw. übergeordnetes und ein oder mehrere abhängige bzw. nachgeordnete Unternehmen unter der einheitlichen Leitung des übergeordneten Unternehmens zusammengefaßt sind (§ 18 Abs. 1 Satz 1 AktG).

Beispiel:

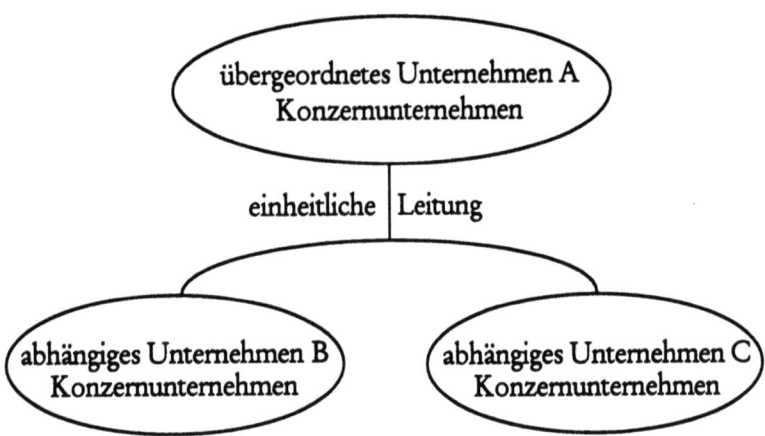

Ein Unterordnungskonzern setzt zwei Elemente voraus:

1. das (gesellschaftsrechtlich bedingte) Abhängigkeitsverhältnis des § 17 AktG (siehe Abschnitt 2.2.2.3, S. 48) und

2. als konstitutives Merkmal die Zusammenfassung unter einheitlicher Leitung (siehe Abschnitt 2.2.2.4, S. 48 f.) des herrschenden Unternehmens.

Diese Merkmale sind rechtsformneutral abgefaßt. Ihre Gültigkeit erstreckt sich daher nicht nur auf Aktiengesellschaften, sondern vielmehr auf alle Rechtsformen, in denen ein Unternehmen (siehe Abschnitt 2.1, S. 23 ff.) betrieben werden kann.

2.2.2.2 Gleichordnungskonzern

Sind rechtlich selbständige Unternehmen, ohne daß das eine Unternehmen von dem anderen abhängig ist, unter einheitlicher Leitung zusammengefaßt, dann bilden sie nach § 18 Abs. 2 AktG einen Gleichordnungskonzern (GOK).[45]

Beispiel:

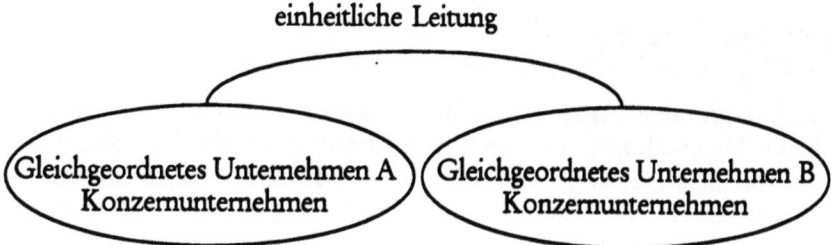

einheitliche Leitung

Gleichgeordnetes Unternehmen A
Konzernunternehmen

Gleichgeordnetes Unternehmen B
Konzernunternehmen

Im Gegensatz zum Unterordnungskonzern, bei dem die einheitliche Leitung mehr oder weniger als tatsächliches Ausnutzen der für ein herrschendes Unternehmen durch die Abhängigkeitslage geschaffenen Einflußmöglichkeiten in Erscheinung tritt, muß beim Gleichordnungskonzern das Vorliegen einer einheitlichen Leitung positiv festgestellt werden.

---

[45] Vgl. Eugen Klunzinger, Grundzüge ..., a.a.O., S. 204 f

2.2.2.3 Beherrschender Einfluß (Abhängigkeit im Sinne von § 17 AktG)

Abhängigkeit bedeutet die nachhaltige Beherrschungsmöglichkeit auf gesell-schaftsrechtlicher Basis. Die Abhängigkeit kann dabei von unterschiedlicher Intensität sein. Sie liegt vor, wenn die Geschicke eines Unternehmens ent-scheidend beeinflußt und gestaltet werden können. Das jeweilige Gesamt-bild ist hier maßgebend.

Nach § 17 Abs. 2 AktG wird von einem Unternehmen, an dem ein anderes Unternehmen mit Mehrheit beteiligt ist, diese Abhängigkeit vermutet. Der beherrschende Einfluß braucht aber nicht auf einer Mehrheitsbeteiligung beruhen[46], vielmehr genügt jeder Einfluß der die Beherrschung ermöglicht (siehe Abschnitt 3.3, S. 64 ff., und Abschnitt 3.4, S. 71 f.). Zufällige Kon-stellationen reichen nicht aus.

2.2.2.4 Einheitliche Leitung

Die Konzernunternehmen müssen unter einheitlicher Leitung zusammen-gefaßt sein. Einheitliche Leitung ist regelmäßig mit einem Autonomieverlust der einzelnen nach- bzw. gleichgeordneten Konzernglieder verbunden.

Im Unterordnungskonzern wird die einheitliche Leitung durch das herr-schende Unternehmen, d.h. durch seine Organe oder seine Verwaltung, aus-geübt. Sie liegt z.B. vor, wenn das herrschende Unternehmen eine auf das Gesamtinteresse des Unternehmensverbunds ausgerichtete Zielkonzeption entwickelt und einschließlich erforderlicher Kontrollen durchführt. Von den aus der Abhängigkeit (§ 17 AktG) folgenden Möglichkeiten muß also tat-sächlich Gebrauch gemacht werden.

Bei der einheitlichen Leitung ist abzustellen:

1. auf die Festlegung von Konzernzielen und -strategien,
2. auf die sogenannten Führungsaufgaben, d.h. Planung, Organisation, Durchführung und Kontrolle, sowie

---

[46] Sie kann z.B. auch durch eine Minderheitsbeteiligung ab 25 % vermittelt werden.

3. auf die Entscheidungsgegenstände, d.h. auf die Bereiche Beschaffung, Produktion, Absatz, Finanzierung, Investition und Personalwesen.[47]

Von einer einheitlichen Leitung ist auszugehen, wenn ein Beherrschungsvertrag (vgl. § 291 AktG) abgeschlossen wurde oder eine nachhaltige Beeinflussungsmöglichkeit in den vorgenannten Geschäftsfeldern besteht. Die einheitliche Leitung muß nicht alle Bereiche umfassen. Das Gesamtbild der Geschäftspolitik muß jedoch durch Abstimmung bzw. Gleichorientierung geprägt sein. Sehr häufig dürfte eine einheitliche Leitung im Finanzbereich im Vordergrund stehen. Diese zeigt sich vor allem durch

- zentrale Finanzplanung und -kontrolle,
- Koordination von Investitionen oder
- interne Verrechnungspreise.

Ein Kreditgeber dürfte solche Indizien für eine einheitliche Leitung – nicht zuletzt aufgrund der Verpflichtungen nach § 18 KWG – am leichtesten Erkennen.

2.3 Juristische Personen, Personenzusammenschlüsse und Unternehmen nach ausländischem Recht

In den wichtigsten marktwirtschaftlich ausgerichteten Wirtschaftssystemen läßt die Rechtsordnung – wie in der Bundesrepublik Deutschland – neben den natürlichen Personen auch juristische Personen und Personenzusammenschlüsse als Unternehmensträger zu. Diese kommen dann auch als Kreditnehmer, z.B. als Tochterunternehmen eines inländischen Kunden, in Frage. In den Einzelheiten unterscheiden sich die im Ausland geltenden Rechtsregeln zumeist von denen der Bundesrepublik Deutschland. In bestimmten romanischen Staaten wird Personenhandelsgesellschaften z.B. eine an unsere Kapitalgesellschaften stark heranreichende Rechtspersönlichkeit zugemessen.[48] In manchen Ländern wiederum gibt es auch Rechtsformen,

---

[47] Vgl. Thomas Milde, Der Gleichordnungskonzern im Gesellschaftsrecht, in: Untersuchungen über das Spar-, Giro- und Kreditwesen, Abt. B: Rechtswissenschaft, hrsg. von Walther Hadding und Uwe H. Schneider, Band 101, Berlin 1996, S. 86

[48] Vgl. Gerd Rose, Cornelia Glorius-Rose, a.a.O., S. 191

die mit den in Deutschland verbreiteten kaum vergleichbar sind. Das gilt
z.B. für den „Business Trust" nach us-amerikanischem Recht. Der Business
Trust „ist eine Personenvereinigung, deren Zweck auf das Betreiben eines
Unternehmens gerichtet ist und bei der die Gesellschafter für die Verbindlichkeiten der Gesellschaft nur mit ihrer Kapitaleinlage haften.[49]

2.4　Wirtschaftliche Abhängigkeiten

Sie sind im KWG selbst nicht geregelt. Allerdings ist der neue § 19 Abs. 2
Satz 1 KWG (5.) nach der Begründung zur 5. KWG-Novelle[50] nicht dahin-
gehend zu verstehen, daß Lieferanten und Zulieferer mit ihren Hauptab-
nehmern zu Kreditnehmereinheiten zusammenzufassen sind.

Wirtschaftliche Abhängigkeiten der Kreditnehmer, die zur gegenseitigen
Übertragung von Zahlungsschwierigkeiten führen können, sind vor allem
dann anzunehmen, wenn die Kreditnehmer durch eine planmäßige, gemeinsame Gestaltung der wirtschaftlichen Verhältnisse zeigen, daß sie aufgrund
ihrer gleichgerichteten wirtschaftlichen Interessen eine Zweck- und Wirtschaftsgemeinschaft eingegangen sind. Daraus folgt, daß allgemeine wirtschaftliche Abhängigkeiten (Abnahme- und Lieferverpflichtungen) allein für
eine Zusammenfassung der Kreditnehmer nicht ausreichen. Auch ein Be-
herrschungsverhältnis im konzernrechtlichen Sinne wird nicht verlangt, da
dieser Tatbestand schon bisher durch den § 19 Abs. 2 KWG abgedeckt war.
Die Abhängigkeit ist daher mehr finanziell zu sehen, z.B. Sicherheitenstellung, einkommensmäßige Abhängigkeit, ggf. verstärkt durch gesellschaftsrechtliche Verflechtungen (Minderheitsgesellschafter). Im Ergebnis führt
dies dazu, daß die Zweck- und Wirtschaftsgemeinschaft, die bisher in der
bankaufsichtlichen Praxis nur bei der Zusammenfassung von Eheleuten
Anwendung fand, auch auf Risikoeinheiten wegen gegenseitiger wirtschaftlicher Abhängigkeit (§ 19 Abs. 2 Satz 1, 1. Alternative KWG) zu übertragen
ist, wenn im Rahmen dieser Risikogemeinschaft die Übertragung von Zahlungsschwierigkeiten sehr wahrscheinlich ist.

---

[49]　Vgl. Gerd Rose, Cornelia Glorius-Rose, a.a.O., S. 191

[50]　Vgl. Bundestagsdrucksache 12/6957

2.5 Zahlungsschwierigkeiten

Dieser Begriff wird in der Praxis, Fachliteratur und Rechtsprechung unterschiedlich gesehen. Er ist weiter zu fassen als die Zahlungsunfähigkeit, die nach § 102 Konkursordnung einen Konkursgrund darstellt. Zahlungsschwierigkeiten (oft auch als Zahlungsstockung bezeichnet) liegen bereits vor, wenn ein Kreditnehmer vorübergehend seinen Zahlungsverpflichtungen nicht nachkommt. Nach Auffassung des BAKred muß es sich jedoch um nicht unerhebliche Zahlungsverpflichtungen handeln, deren Nichterfüllung den wirtschaftlichen Fortbestand des Kreditnehmers fraglich erscheinen ließe[51] (z.B. Rückstand bei Tilgungsraten, Nutzung eines unfreiwilligen Lieferantenkredits in beträchtlichem Umfang).

Ferner ist zu bedenken, daß nach dem Wortlaut des § 19 Abs. 2 Satz 1 KWG die bestehenden Abhängigkeiten nicht mit absoluter Sicherheit zur Übertragung von Zahlungsschwierigkeiten führen müssen, sondern solche lediglich **wahrscheinlich** erscheinen müssen.[52]

---

[51] Vgl. Bundesaufsichtsamt für das Kreditwesen, Rundschreiben 3/1997 an alle Kreditinstitute in der Bundesrepublik Deutschland vom 24.02.97.

[52] wie sehr oft im Wirtschaftsleben, so muß man auch bei der Übertragung von Zahlungsschwierigkeiten von einem subjektiven Wahrscheinlichkeitsbegriff (vernünftige Glaubensaussage) ausgehen.

3 Die einzelnen Zusammenfassungs-tatbestände

Aufgrund der Komplexität und Schwierigkeit der Zusammenfassungsmaterie können nachfolgend nicht alle mit § 19 Abs. 2 KWG verbundenen Probleme abschließend dargestellt werden. Sie geben jedoch weitgehende Hilfestellung für die praktische Prüfung von Risikoeinheiten.

3.1 Mehrheitsbeteiligung an Unternehmen

Dieses Zusammenfassungskriterium ist in § 19 Abs. 2 Satz 2 Nr. 1 3. Alternative KWG geregelt. Es wurde erst durch die 3. KWG-Novelle eingeführt, um mehrheitliche Anteilseigner ohne Unternehmenseigenschaft in die Kreditnehmereinheit einbeziehen zu können. In der Praxis wird dieses Zusammenfassungsgebot am häufigsten angewendet. Ausgenommen von diesem Zusammenfassungsgebot sind jedoch die in Abschnitt 1.3.3, S. 15 f., genannten Institutionen wie Bund, Länder, Gemeinden etc.

Relevant sind jedoch nur Mehrheitsbeteiligungen an Unternehmen. Der Unternehmensbegriff ist in Abschnitt 2.2.1, S. 40 ff., ausführlich behandelt. Mehrheitsbeteiligungen werden nahezu ausschließlich an Unternehmen bestehen, deren Träger juristische Personen oder Personenzusammenschlüsse sind. Außerdem läßt sich das Vorliegen einer Mehrheitsbeteiligung im allgemeinen leicht aus den für die Kreditgewährung nötigen Unterlagen (§ 18 KWG) ersehen.

3.1.1 Bildung von Risikoeinheiten bei Mehrheitsbeteiligung

Als Mehrheitsbeteiligung an Unternehmen kommt sowohl die **Mehrheit der Anteile** als auch die **Mehrheit der Stimmrechte** in Betracht (vgl. § 16 Abs. 1 AktG). Zur Entscheidung der Frage, ob eine solche Mehrheitsbeteiligung im Einzelfall vorliegt, kommt es auf das Verhältnis des Gesamtnennbetrages der dem betreffenden Gesellschafter gehörenden Anteile zum Nennkapital der anderen Gesellschafter an.

Fallen ausnahmsweise Kapital- und Stimmrechtsmehrheit auseinander, erfolgt ggf. eine Doppelzuordnung des Unternehmens, d.h. es ist sowohl dem Inhaber der Kapitalmehrheit als auch demjenigen zuzuordnen, der die Stimmrechtsmehrheit besitzt.

Beispiel 1: Bei einer AG, die stimmrechtslose Vorzugsaktien ausgegeben hat, kann eine Doppelzuordnung notwendig sein. Bemessungsgrundlage für die Kapitalmehrheit sind die umlaufenden Stamm- und Vorzugsaktien, also das gesamte Grundkapital. Die Stimmrechtsmehrheit bezieht sich jedoch nur auf das Stammaktienkapital.

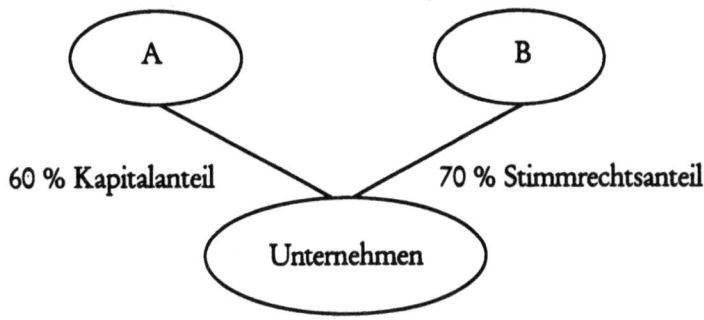

KNE 1:   A + Unternehmen (nach § 19 Abs. 2 Satz 2 Nr. 1 3. Alt. KWG, Kapitalmehrheit)

KNE 2:   B + Unternehmen (nach § 19 Abs. 2 Satz 2 Nr. 1 3. Alt. KWG, Stimmrechtsmehrheit)

Die Kapitalmehrheitsvariante greift auch dann, wenn der Mehrheitsgesellschafter mit dem Unternehmen, an dem die Beteiligung besteht, einen Entherrschungs- oder Abhängigkeitsausschlußvertrag geschlossen hat. Auch Verträge, nach denen ein Anteilseigner sein Stimmrecht nicht ausüben kann sind bei der Kapitalmehrheit nicht zu berücksichtigen. Sie kommen vor allem bei Familiengesellschaften vor.

Beispiel 2: An einer GmbH sind A und Unternehmen B beteiligt, wobei A mit der GmbH eine Entherrschungsvereinbarung getroffen hat.

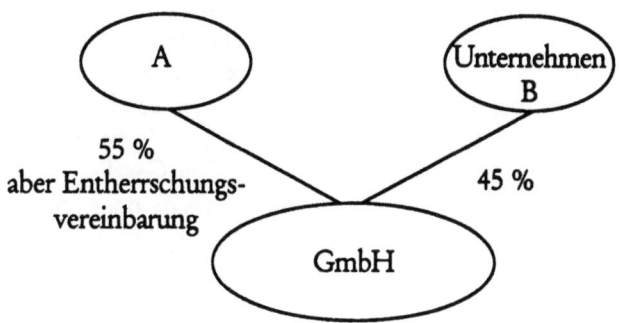

Trotz Entherrschungsvereinbarung bleibt es bei der KNE 1: A + GmbH (nach § 19 Abs. 2 Satz 2 Nr. 1, 3. Alt. KWG)

Unternehmen B beherrscht nun die GmbH (§ 17 Abs. 1 AktG); es ist daher zusätzlich eine KNE 2 zu bilden, aus Unternehmen B + GmbH nach § 19 Abs. 2 Satz 2 Nr. 1, 1. Alt. KWG

Beispiel 3: A ist alleiniger Geschäftsführer und mit 40 % an der GmbH beteiligt. Die Mitgesellschafter B und C sind zu je 30 % beteiligt. Ihr Stimmrecht dürfen sie aufgrund eines Vertrages zu Lebzeiten des A nicht ausüben.

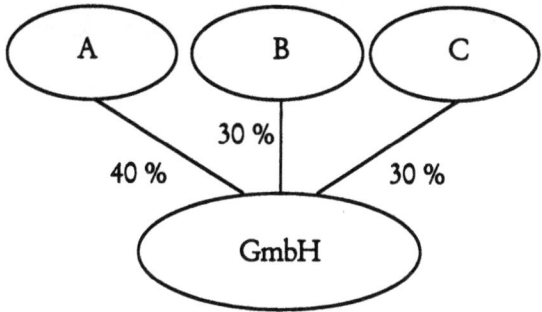

A hat hier faktisch die Stimmrechtsmehrheit. Es ist daher eine KNE: A + GmbH nach § 19 Abs. 2 Satz 2 Nr. 1, 3. Alt. KWG (Stimmrechtsmehrheit) zu bilden.

Mehrheitsbeteiligungen können nicht nur an Kapitalgesellschaften bestehen, sondern mehr oder weniger an jedem Unternehmensträger. Also auch an Personenhandelsgesellschaften (Kommanditgesellschaft), Gesellschaften bürgerlichen Rechts, ohne persönliche Haftung der Gesellschafter, Genossenschaften oder auch für den atypischen stillen Gesellschafter. Die großen Freiheitsgrade, die bei der Ausgestaltung der stillen Gesellschaft bestehen, können bei der praktischen Prüfung, ob eine typische oder atypische stille Beteiligung vorliegt, Schwierigkeiten bereiten. Bei der Stillen Gesellschaft ist eine Mehrheitsbeteiligung nur dann möglich, wenn der Stille Gesellschafter bei der Auflösung der Stillen Gesellschaft und der Auseinandersetzung einen schuldrechtlichen Anspruch erhält, durch den er so gestellt wird, als ob das Gesellschaftsvermögen beiden gemeinsam gehört (siehe auch Abschnitt 2.1.3.4, S. 36 ff.).

Die Prüfung, ob ein Mehrheitsgesellschafter vorhanden ist, wird vor allem dann erforderlich, wenn – wie nachfolgendes Beispiel 4 zeigt – der Gesellschafterkreis vergleichsweise klein ist (z.B. KG hat nur zwei Gesellschafter).

Besitzt ein Kommanditist an einer KG (bei einem Komplementär) die Kapitalmehrheit (zur Berechnung siehe Abschnitt 3.1.2, S. 58 f.), so sind zwei getrennte KNE zu bilden:

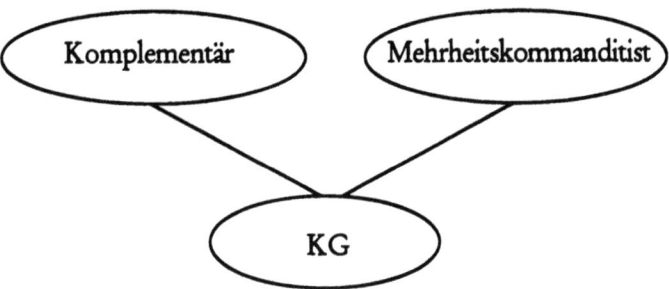

KNE 1: (Mehrheits-)Kommanditist + KG (nach § 19 Abs. 2 Satz 2 Nr. 1, 3. Alt. KWG)

KNE 2: KG + Komplementär (nach § 19 Abs. 2 Satz 2 Nr. 2 KWG)

Hält jemand eine Mehrheitsbeteiligung an einer GmbH, die Komplementär der GmbH & Co. ist, so ist – wie folgendes Beispiel 5 zeigt – ebenfalls eine umfassende Risikoeinheit zu bilden.

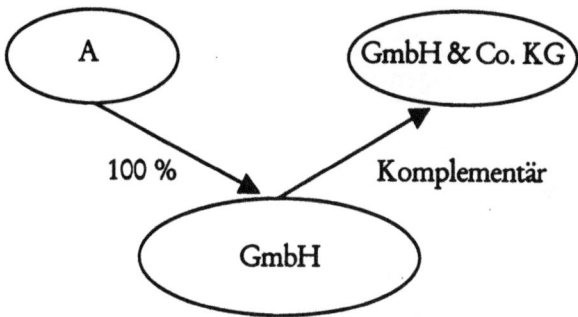

KNE: A + GmbH (nach § 19 Abs. 2 Satz 2 Nr. 1, 3. Alt. KWG) + GmbH & Co (nach § 19 Abs. 2 Satz 2 Nr. 2 KWG)

Ist jemand an mehreren Unternehmen mit Mehrheit beteiligt, so ist er mit allen seinen Mehrheitsbeteiligungen zusammenzufassen (siehe folgendes Beispiel 6).

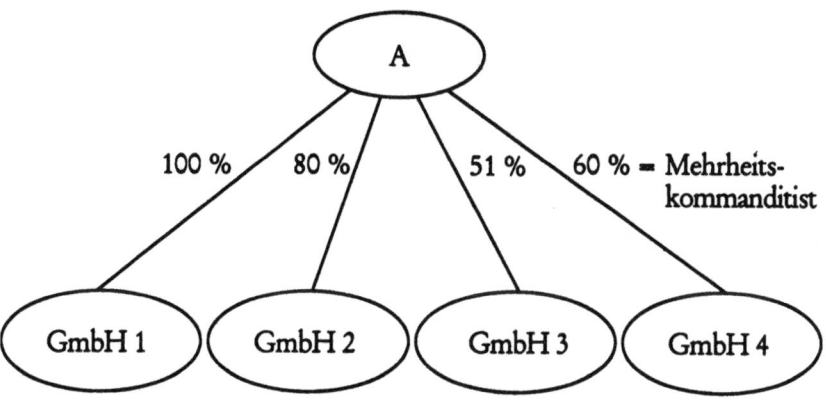

umfassende KNE: A + GmbH 1 + GmbH 2 + GmbH 3 + KG
(nach § 19 Abs. 2 Satz 2 Nr. 1, 3. Alt. KWG)

3.1.2 Berechnung der Mehrheitsbeteiligung

Zu beachten ist, daß eigene Anteile vom Gesamtbestand der Kapitalanteile abzusetzen sind. Dies zeigt nachfolgendes *Beispiel:*

Gesamtkapital	1000
./. eigener Bestand	100
umlaufende Anteile	900

Wenn ein Gesellschafter 451 Anteile besitzt, ist dies die Mehrheit der Anteile. Probleme bei der Berechnung der Mehrheitsbeteiligung können allerdings auftreten, weil es:

- unterschiedliche Arten (Qualitäten) von Gesellschaftern mit unterschiedlichen Einflußrechten (Komplementär, Kommanditist) gibt;
- keine festen Vorgaben für die Einflußmöglichkeiten und zudem abdingbare gesetzliche Regelungen gibt.

Von Bedeutung für die Bildung der Kreditnehmereinheiten sind die Kapitalanteile, die die wirtschaftliche Beteiligung der Gesellschafter am Gesellschaftsvermögen widerspiegeln. Je nach den Regelungen in den Gesellschaftsverträgen sind grundsätzlich zwei Varianten für die Ermittlung der Beteiligungsrelationen zu unterscheiden:

1. Variante
Variable Kapitalanteile (nach dem abdingbaren Regelungswerk des HGB). Bemessungsgrundlage ist die Gewinnverteilungsbasis für den sog. Vorzugsgewinnanteil (4 % / § 168 Abs. 1 HGB), die sich nach der letzten dem Kreditgeber vorliegenden Bilanz errechnet. Der Kapitalanteil wird folgendermaßen errechnet:

            tatsächlich geleistete Einlagen
+   Gewinngutschriften (jedoch nur, sofern dadurch die bedungene Einlage nicht überschritten wird)
./.   Verlustanteile
./.   zulässige Entnahmen der Gesellschafter

────────────────────────────────

=   Kapitalanteil des Gesellschafters/Anteilseigners

Sofern die Anteilseigner keine anderslautende Vereinbarung getroffen haben, ist jedoch die sog. bedungene Einlage die Obergrenze.

Nicht anzurechnen sind:

- Kreditgewährungen der Gesellschaft an die Gesellschafter,
- Gesellschafterdarlehen (hierzu gehören auch von den Gesellschaftern weitergeleitete Kredite aus Förderprogrammen – siehe Abschnitt 3.7, S. 83 ff. – solche Darlehen erfüllen im allgemeinen nur Teilfunktionen von Eigenkapital) und
- evtl. vereinbarte Haftsummen.

2. Variante:
Sehen Gesellschaftsverträge für die Kapitalanteile der einzelnen Gesellschafter feste Beträge oder Quoten vor, sind nur diese zu berücksichtigen. Die Kapitalanteile als Maßstab für die gesellschaftsrechtlich entscheidenden Vorgänge bleiben hier unverändert. Ausstehende Einlagen, Entnahmen oder Gewinne sind nicht zu berücksichtigen.

Für die Feststellung, ob ein Kommanditist die Kapitalmehrheit an einer KG hält, ist die letzte (unterschriebene) Bilanz maßgeblich. In diesem Zusammenhang ist auf § 18 KWG zu verweisen. Die Kommanditeinlage muß nach dieser Bilanz größer als 50 % der Summe der *positiven* Kapitalkonten sein. Die jeweils letzte von der KG vorgelegte Bilanz sollte daher bei Erhalt stets auf diesen Sachverhalt überprüft werden.

Bei der Berechnung des Mehrheitsanteils sind die Anteile zusammenzurechnen, wenn die Beteiligten, z.B. Ehegatten, eine Zweck- und Wirtschaftsgemeinschaft bilden (siehe hierzu auch Abschnitte 3.8, S. 85 ff. und 3.9, S. 90 ff.).

Beispiel: An der GmbH sind A zu 40 % sowie B und C zu je 30 % beteiligt. A und B bilden zudem eine Zweck- und Wirtschaftsgemeinschaft.

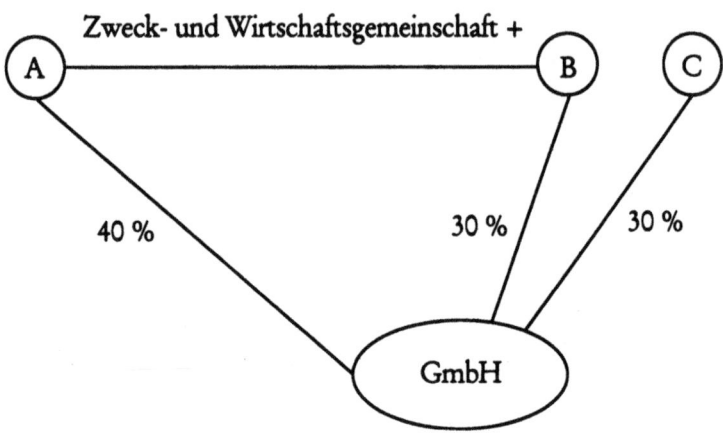

KNE: A + B + GmbH

3.1.3 Mittelbare Beteiligungen

Wird von einem Anteilseigner eine Beteiligung nicht direkt, sondern über eine zwischengeschaltete Einheit gehalten (sog. mittelbare Beteiligung), ist eine Zurechnung nur möglich, wenn ein Fall des § 16 Abs. 4 AktG vorliegt.

Nach § 16 Abs. 4 AktG erfolgt eine mittelbare Zurechnung von Anteilen nur, wenn diese einem

- abhängigen Unternehmen (im Sinne von § 17 AktG) oder
- Strohmann (oder von diesem abhängigen Unternehmen)

gehören. Bei Einzelkaufleuten sind außerdem Anteile, die sonstiges Vermögen des Inhabers sind, hinzuzurechnen.

Ein reiner Mehrheitsbesitz kann hingegen eine weitere Mehrheitsbeteiligung nicht vermitteln. Eine umfassende Kreditnehmereinheit kann in einem solchen Fall nicht nach der Mehrheitsalternative gebildet werden (siehe 4. Fall der nachfolgenden Beispiele). Sie könnte aber ggf. nach dem Zusammenfassungstatbestand: „beherrschender Einfluß" vorliegen.

Fallbeispiele:

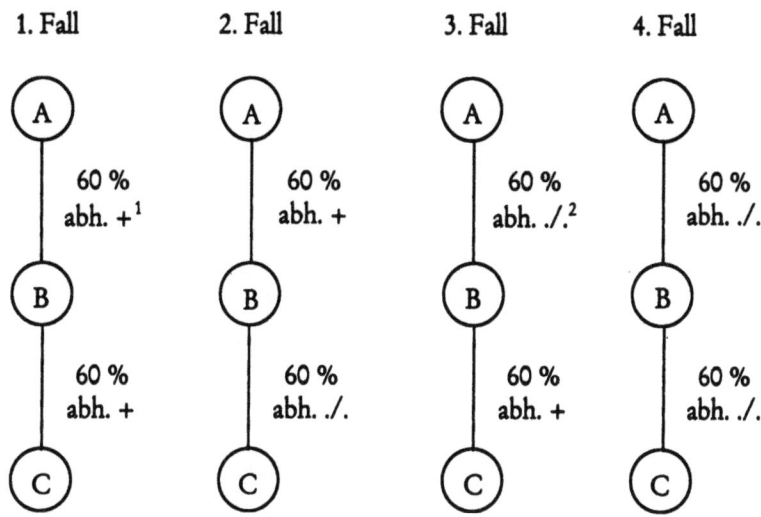

1. Fall   2. Fall   3. Fall   4. Fall

[1] abh. + heißt: Abhängigkeit ist gegeben.
[2] abh. ./. heißt: keine Abhängigkeit gegeben.

Im 1. Fall ist eine umfassende KNE: A + B + C zu bilden nach § 19 Abs. 2 Satz 2 Nr. 1, 1. Alt. (Konzern) oder 3. Alt. (Mehrheitsbeteiligung) KWG.

Auch im 2. Fall ist eine umfassende KNE: A + B + C zu bilden; A + B sind nach § 19 Abs. 2 Satz 2 Nr. 1, 1. Alt. (Konzern) und C nach der 3. Alt. (mittelbare Mehrheitsbeteiligung) KWG zusammenzufassen.

Im 3. Fall ist ebenfalls eine umfassende KNE: A + B + C zu bilden; A ist mit Mehrheit an B beteiligt (§ 19 Abs. 2 Satz 2 Nr. 1, 3. Alt. KWG) und B ist die Konzernspitze zu C (§ 19 Abs. 2 Satz 2 Nr. 1, 1. Alt. KWG).

Im 4. Fall ist keine Durchrechnung nach § 19 Abs. 2 Satz 2 KWG möglich. Es ist daher auf den Auffangtatbestand beherrschender Einfluß nach § 19 Abs. 2 Satz 1, 1. Alternative KWG zurückzugreifen.

Weiteres *Beispiel:* A hält 70 % der Anteile der GmbH 1 (die von ihm i. S. des § 17 AktG abhängig ist) und 40 % der Anteile der GmbH 2. GmbH 1 ist wiederum mit 35 % an GmbH 2 beteiligt.

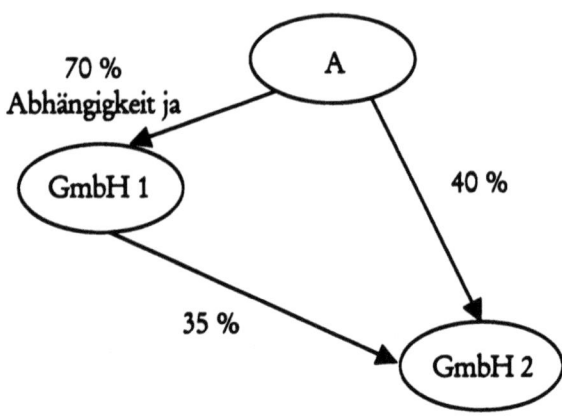

A ist somit bei beiden GmbH Mehrheitsgesellschafter und es ist eine umfassende KNE aus A + GmbH1 + GmbH 2 zu bilden.

3.1.4 Treuhänderische Beteiligung

Inhaber einer Mehrheitsbeteiligung ist, wer tatsächlich die Entscheidungsgewalt inne hat, nicht der formelle Rechtsinhaber. Die Zusammenfassung zu einer Risikoeinheit ist bei einer treuhänderisch gehaltenen Mehrheitsbeteiligung maßgeblich von der Vertragsgestaltung abhängig. Bei einer reinen (uneigennützigen) **Verwaltungs-Treuhandschaft** ergibt sich auf jeden Fall eine Unternehmensverbindung – **und damit Risikoeinheit** – zwischen Treugeber und dem Beteiligungsunternehmen. Darüber hinaus ist analog der Regelung bei Strohmannkrediten (siehe Abschnitt 3.7, S. 83 ff.) eine **zusätzliche Zusammenfassung** des Treuhänders mit dem Beteiligungsunternehmen notwendig.

Beispiel:

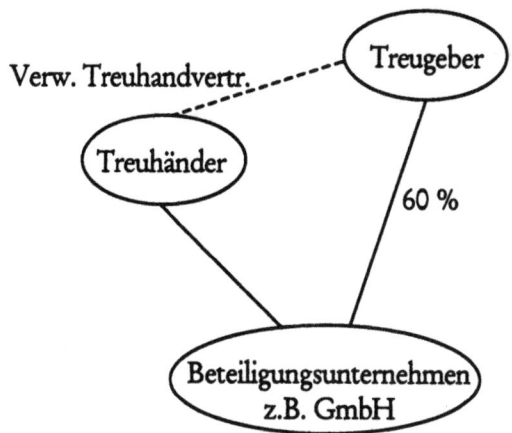

KNE 1: Treugeber + GmbH (nach § 19 Abs. 2 Satz 2 Nr. 1, 3. Alt. KWG)

KNE 2: Treuhänder + GmbH (als sog. Strohgesellschafter, ebenfalls nach § 19 Abs. 2 Satz 2 Nr. 1, 3. Alt. KWG)

3.2 Gewinnabführungsverträge zwischen Unternehmen

Ein solcher Vertrag liegt vor, wenn sich ein Unternehmen, das regelmäßig eine Gesellschaft sein wird, verpflichtet, seinen ganzen Gewinn an ein anderes Unternehmen abzuführen. Ein solcher Vertrag greift also in das Gewinnbezugrecht der Gesellschafter des gewinnabführenden Unternehmens ein. Wie ein Gewinnabführungsvertrag wird der Fall behandelt, bei dem ein Unternehmen für Rechnung eines anderen Unternehmens geführt wird.

Ob ein Gewinnabführungsvertrag i. S. des § 291 AktG vorliegt ist zumeist unproblematisch aus den für die Kreditgewährung nötigen Unterlagen zu erkennen, denn sie erfordern Gesellschafterbeschlüsse und bedürfen notarieller Beurkundung oder müssen zumindest in Schriftform vorliegen. Ferner werden solche Verträge i.d.R. nicht ohne Eintragung in das Handelsregister wirksam. In der Praxis sind solche Verträge zumeist mit einem Beherrschungsvertrg kombiniert. Sie kommen daher, wie nachfolgendes Beispiel auch zeigt, vor allem innerhalb eines Konzerns, als. sog. Vertragskonzerne, vor (siehe Abschn. 3.3, S. 64 ff.).

Beispiel: Der GmbH A gehören 100 % der Anteile der GmbH C und 69 % der Anteile der GmbH B. Mit der GmbH B wurde zusätzlich ein Gewinnabführungsvertrag abgeschlossen.

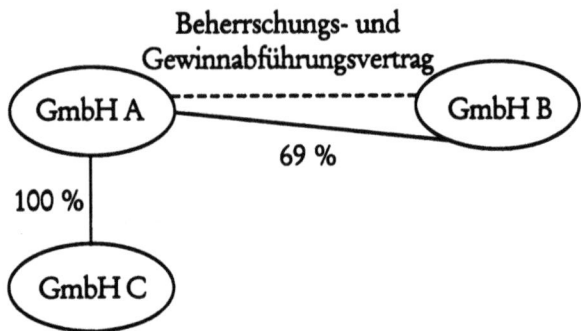

Ergebnis: Es ist eine umfassende KNE zu bilden: GmbH A + GmbH C (nach der Mehrheitsalternative) + GmbH B (nach der Alternative Gewinnabführungsvertrag oder der Mehrheits- bzw. Konzernalternative).

3.3   Konzernzugehörigkeit von Unternehmen

Nach § 19 Abs. 2 Satz 2 Nr. 1, 1. Alt. KWG sind Unternehmen die einem Konzern angehören zu einer KNE zusammenzufassen. § 18 AktG unterscheidet zwischen Unterordnungs- und Gleichordnungskonzernen.

3.3.1 Unterordnungskonzern

Bei einem Unterordnungskonzern (UOK) sind **ein herrschendes** und ein oder mehrere **abhängige** Unternehmen unter der **einheitlichen Leitung** des herrschenden Unternehmens zusammengefaßt.

Eine Zusammenfassung nach dem Tatbestand UOK verlangt also

1. die Unternehmenseigenschaft der Konzernglieder (siehe Abschnitt 2.2.1.2, S. 41 ff.),

2. die gesellschaftsrechtlich bedingte Abhängigkeit der nachgeordneten Unternehmen und

3. die einheitliche Leitung durch das übergeordnete Unternehmen.

Abhängigkeit im konzernrechtlichen Sinne ist in Abschnitt 2.2.2.3, S. 48, definiert. Sie liegt vor, wenn die Geschicke eines nachgeordneten Unternehmens entscheidend beeinflußt und gestaltet werden können. Abhängigkeit setzt also die nachhaltige Beherrschungsmöglichkeit voraus. Zufällige Konstellationen reichen nicht aus.

Die richtige Bildung von Kreditnehmereinheiten nach dem Tatbestand Unterordnungskonzern verlangt die Kenntnis der entsprechenden Beeinflussungs- und Beherrschungsmittel. Als Beherrschungsmittel kommen in Frage:

1. Beteiligung
a) Mehrheitsbeteiligung
Hier greift die Abhängigkeitsvermutung des § 17 Abs. 2 AktG. Die unmittelbare Mehrheitsbeteiligung ist aber ein eigenes Zusammenfassungskriterium des § 19 Abs. 2 Satz 2 Nr.1, 3. Alternative KWG (siehe Abschnitt 3.1, S. 53 ff.) Die Abhängigkeitsvermutung kann aber widerlegt werden. Die Widerlegung setzt gesellschaftsrechtliche oder vertragliche Grundlagen voraus. Beispiele, die die Abhängigkeit widerlegen sind z.B.

- satzungsmäßige Stimmrechtsbeschränkungen oder

- vertragliche Regelungen (Entherrschungsvereinbarung, Stimmrechtsvereinbarung).

Eine allgemeine Aussage, daß derzeit kein beherrschender Einfluß ausgeübt werde, ist nicht ausreichend. Aus der Abhängigkeitsvermutung folgt wiederum die widerlegbare Konzernvermutung (einheitliche Leitung). Die Widerlegung beider Vermutungen ist Sache der betroffenen Unternehmen.

b) Minderheitsbeteiligung
Beherrschender Einfluß kann auch von einer Minderheitsbeteiligung ausgehen. Dies ist vor allem dann der Fall, wenn

- die Unterstützung durch andere Gesellschafter gesichert ist (siehe nachfolgendes Beispiel 1),

- eine Präsenzmehrheit in der Gesellschafter- bzw. Hauptversammlung, z.B. wegen eines größeren Streubesitzes (siehe nachfolgendes Beispiel 2), besteht,

- familiäre oder vergleichbare Bindungen in der Vergangenheit, die z.B. in einer geschlossenen Einheit zum Ausdruck kamen, vorliegen. Vor allem bei Unternehmensgruppen, die sich mehrheitlich im Familienbesitz befinden, sollte die Frage der Konzernzugehörigkeit besonders sorgfältig geprüft werden.

Beispiel 1: An der GmbH sind die Unternehmen A mit 45 %, B mit 15 %, C und D mit je 20 % beteiligt. A und B haben zusätzlich eine Stimmrechtsvereinbarung getroffen.

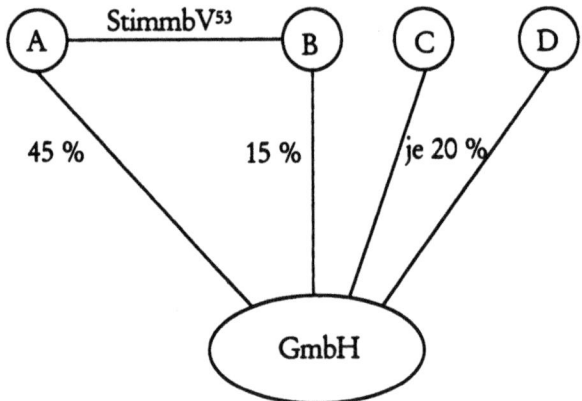

Ergebnis: Durch diese vertraglich bindend vereinbarte Unterstützung durch B hat Unternehmen A einen beständigen beherrschenden Einfluß auf die GmbH (Abhängigkeit). Nutzt er diesen Einfluß auch aus (d.h. Zusammenschluß unter einheitlicher Leitung), dann bilden die Unternehmen A + GmbH eine KNE nach § 19 Abs. 2 Satz 2 Nr. 1, 1. Alt. (UOK) KWG. Es liegt ein sog. faktischer Konzern vor.

Beispiel 2: Unternehmen A ist mit 45 % an der Brau-AG beteiligt. Die restlichen 55 % der Aktien befinden sich in Streubesitz.

---

53 Unternehmen B überträgt Stimmrechte an Unternehmen A

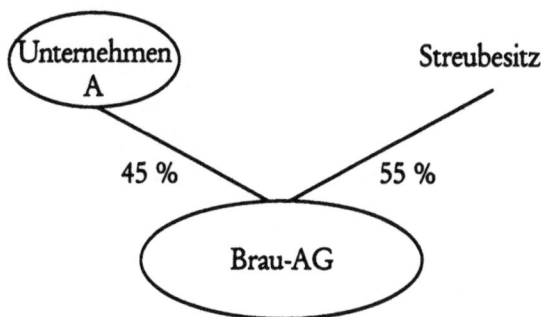

Ergebnis: Wenn das Unternehmen A die Brau-AG trotz des Fehlen einer Kapital- oder Stimmrechtsmehrheit so dominiert, d.h. es gibt eine regelmäßige Präsenzmehrheit in der Hauptversammlung, dann ist gesellschaftsrechtlich Abhängigkeit gegeben. Wird die einheitliche Leitung zudem ausgeübt, dann bilden Unternehmen A und die Brau-AG eine Kreditnehmereinheit nach § 19 Abs. 2 Satz 2 Nr. 1, 1. Alt. (UOK) KWG

2. Vertragliche Bindungen
Durch vertragliche Vereinbarungen entstehen sog. Vertragskonzerne. Hierzu gehören vor allem

- der Beherrschungsvertrag im Sinne von § 291 AktG und
- der Gewinnabführungsvertrag (s. Abschnitt 3.2, S. 63 f.).

Eine Widerlegung der Konzernvermutung ist hier nicht möglich.

Ein mittelbarer beherrschender Einfluß könnte auch über einen sog. Pool bestehen, der sich z.B. auf die Ausübung von Stimmrechten erstreckt. „Als Poolverträge bezeichnet man Vereinbarungen gesellschaftsrechtlicher Natur über die Ausübung der Rechte aus Beteiligungen." [54] Poolverträge führen also zur Entstehung von Gesellschaften bürgerlichen Rechts (siehe Abschnitt 2.1.3.1, S. 32 ff.).

3. Weitgehende Personenidentität in den Leitungsorganen (z.B. Vorstand)

---

[54] Gerd Rose, Cornelia Glorius-Rose, a.a.O., S. 104

Wirtschaftliche Abhängigkeit begründet i.d.R. keine Abhängigkeit im Sinne des § 17 AktG, solange sich das Unternehmen selbst unter Inkaufnahme von Verlusten wieder lösen kann. Sie kann aber zusammen mit einer Minderheitsbeteiligung zur Abhängigkeit führen, z.B. wenn sich ein nachhaltiger Einfluß auf die Unternehmensentwicklung ergibt. Auch **Verbotsrechte** führen i.d.R. nicht zur Abhängigkeit. Einflußnahme ist immer gemeint im Sinne von einem aktiven Handeln und nicht im Sinne von blockieren oder unterlassen.

Die Konzernunternehmen müssen unter einheitlicher Leitung zusammengefaßt sein. **Gegenstand der einheitlichen Leitung** sind insbesondere:

- Geschäftspolitik,
- Gestaltung der Unternehmensziele,
- elementare Fragen der Geschäftsführung (Grundzüge der Finanz-, Investitions-, Markt- und Personalpolitik, d.h. z.B. wer führt Kreditverhandlungen).

3.3.2 Gleichordnungskonzern

Der Gleichordnungskonzern ist **subsidiär zu prüfen,** d.h. er kommt erst zum Tragen, wenn ein Unterordnungskonzern verneint werden muß. Ein Gleichordnungskonzern (GOK) liegt vor, wenn zwei oder mehrere rechtlich selbständige Unternehmen unter einheitlicher Leitung anderer Unternehmen oder Personen zusammengefaßt sind, ohne daß ein Abhängigkeitsverhältnis besteht (§18 Abs. 2 AktG). **Wichtig ist, daß die einheitliche Leitung (siehe Abschnitt 2.2.2.4, S. 48 f.) tatsächlich ausgeübt** wird, d.h. auf die tatsächlichen Verhältnisse kommt es an. Gesellschaftsrechtliche oder vertragliche Grundlagen sind keine zwingende Voraussetzung.

Die **Unternehmen oder Personen, die die Gleichordnung herstellen, sind nach § 18 Abs. 2 AktG nicht in den Gleichordnungskonzern einzubeziehen,** sofern nicht eine Einbeziehung aufgrund anderer Tatbestände des § 19 Abs. 2 KWG notwendig ist. Die Gleichordnung kann durch personelle Verflechtungen auf Gesellschafterebene oder weitgehende Geschäftsführeridentität hergestellt werden.

In der Praxis kommen **Gleichordnungskonzerne am häufigsten bei GmbH und Personengesellschaften** (OHG, KG, Gesellschaft bürgerlichen Rechts) vor. Dies ist bei Kreditvergabeentscheidungen zu bedenken.

Bei der GmbH ist davon auszugehen, daß die originäre Leitungsmacht grundsätzlich bei den Gesellschaftern liegt. Bei den **Personenhandelsgesellschaften** (OHG, KG) liegt sie im allgemeinen bei den phG, sofern sich aus dem Handelsregister, dem Gesellschaftsvertrag oder aus sonstigen Erkenntnissen nichts Gegenteiliges ergibt.

Liegt z. B. die einheitliche Leitung bei zwei Unternehmen bei bestimmten Gesellschaftern – z.B. A und B, wie aus nachfolgendem Beispiel 1 hervorgeht – so ist ein Gleichordnungskonzern gegeben.

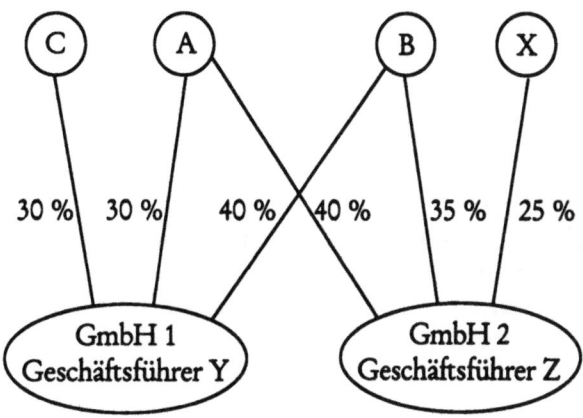

⇒ KNE: GmbH 1 + GmbH 2. Es ist nicht notwendig, daß die Gesellschafter, die die Gleichordnung herstellen, gleiche Beteiligungsquoten halten!

Ein Gleichordnungskonzern liegt auch vor, wenn die einheitliche Leitung bei bestimmten Geschäftsführern liegt (z.B. bei D und E, siehe nachfolgendes Beispiel 2).

Die einheitliche Leitung – z.B. erkannt an gemeinsamen Konzernzielen, einer zentralen Finanzplanung und einer zentralen Koordination – liegt bei den Geschäftsführern D und E:

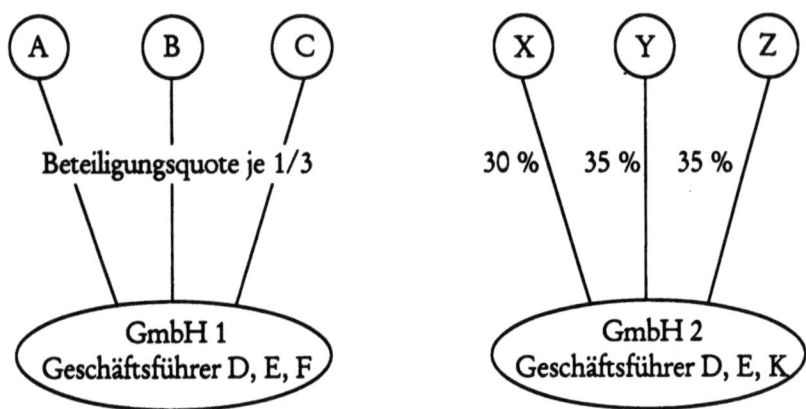

⇒ KNE: GmbH 1 + GmbH 2

Hier darf es freilich keinen Mehrheitsgesellschafter und keine einheitliche Leitung auf Gesellschafterebene geben.

3.3.3 Gemeinschaftsunternehmen

Gemeinschaftsunternehmen, an denen zwei Unternehmen im konzern-rechtlichen Sinne (siehe Abschn. 2.2.1.2, S. 41 ff.) mit gleichen Quoten (50:50) beteiligt sind, sind jedem Mutterunternehmen zuzuordnen, wenn vertragliche Vereinbarungen oder andere Umstände die gemeinsame Herr-schaftsausübung als dauerhaft gesichert erscheinen lassen.

Bei Gemeinschaftsunternehmen ist daher zu prüfen, ob Indizien das Vor-handensein einer gemeinsamen einheitlichen Leitung durch die Mutterun-ternehmen andeuten.[55] Folgende Indizien sprechen im allgemeinen dafür, ein Gemeinschaftsunternehmen nach dem Tatbestand Unterordnungskon-zern mit jedem Mutterunternehmen zusammenzufassen:

---

[55] Vgl. Bundesaufsichtsamt für das Kreditwesen, Verlautbarung vom 20.01.1992 zur Bildung von Kreditnehmereinheiten bei paritätischer Beteiligung (Gemeinschaftsunternehmen) und Vorausset-zungen für die Kreditnehmerzusammenfassung nach § 19 Abs. 2 Satz 1 *(jetzt Satz 2)* Nr. 1 KWG bei Krediten an Ehegatten

- Vertragliche Vereinbarungen (z.B. Bildung eines Gesamtwillens in einem Leitungsgremium, Verpflichtung der Gesellschafter zur inhaltlich identischen Stimmabgabe);
- faktische Koordination (z.B. übereinstimmende Interessen der Mutterunternehmen, familiäre Bindungen der Gesellschafter, beständige einheitliche Abstimmung in der Vergangenheit).

Beispiel: Die Unternehmen A und B sind zu je 50 % an der GmbH beteiligt, die bestimmte Spezialprodukte für das Sortiment bei den Mutterunternehmen herstellt (d.h. faktische Koordination ist gegeben).

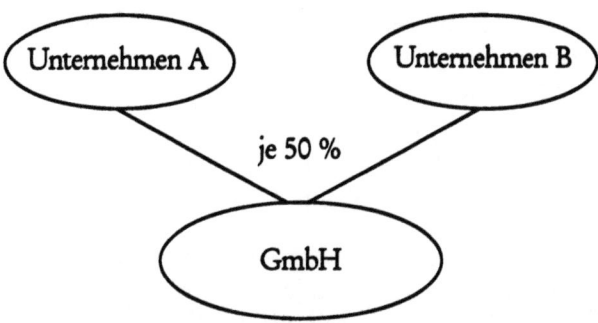

KNE 1: Unternehmen A + GmbH nach § 19 Abs. 2 Satz 2 Nr. 1, 1 Alternative KWG (UOK bei Gemeinschaftsunternehmen)

KNE 2: Unternehmen B + GmbH nach § 19 Abs. 2 Satz 2 Nr. 1, 1. Alternative KWG (UOK bei Gemeinschaftsunternehmen)

3.4 Beherrschender Einfluß (§ 19 Abs. 2 Satz 1, 1. Alternative KWG)

Das Merkmal des beherrschenden Einflusses ist ein konzernrechtlicher Begriff (§ 17 Abs. 1 AktG). Eine selbständige Bedeutung kommt dem neuen Tatbestand nur in den Fällen zu, in denen eine Person unmittelbar oder mittelbar beherrschenden Einfluß über eine juristische Person oder einen

Personenzusammenschluß[56] ausüben kann, ohne die Mehrheit der Anteile oder Stimmrechte zu halten und ohne selbst Unternehmen zu sein.[57]

Dieser Zusammenfassungstatbestand hat daher lediglich die Funktion eines **Auffangtatbestandes.**

Bei paritätischen Beteiligungen ist daher zu prüfen, ob Indizien das Vorhandensein einer gemeinsamen Herrschaftsausübung durch die Gesellschafter andeuten (siehe hierzu Abschnitt 3.3.3, S. 70 f., Gemeinschaftsunternehmen im Unterordnungskonzern). Folgende Indizien sprechen im allgemeinen dafür, ein Gemeinschaftsunternehmen nach dem Tatbestand des beherrschenden Einflusses mit jedem Gesellschafter zusammenzufassen:

• Vertragliche Vereinbarungen (z.B. Bildung eines Gesamtwillens in einem Leitungsgremium, Verpflichtung der Gesellschafter zur inhaltlich identischen Stimmabgabe);

• faktische Koordination (z.B. übereinstimmende Interessen der Gesellschafter, familiäre Bindungen der Gesellschafter, beständige einheitliche Abstimmung in der Vergangenheit).

Sind – wie nachfolgendes Beispiel zeigt – an der GmbH das Unternehmen A und das Nicht-Unternehmen B zu je 50 % beteiligt und liegen Indizien für eine gemeinsame Herrschaftsausübung der Gesellschafter vor, so erfolgt eine Doppelzuordnung, d.h. die GmbH ist auch dem Nichtunternehmer zuzuordnen:

---

[56] Beherrschender Einfluß auf eine natürliche Person (Hörigkeit, Sklaverei) ist nach unserer Rechtsordnung nicht zulässig.

[57] Der beherrschende Einfluß muß auch nicht tatsächlich ausgeübt werden. Es genügt vielmehr die Möglichkeit zur Ausübung.

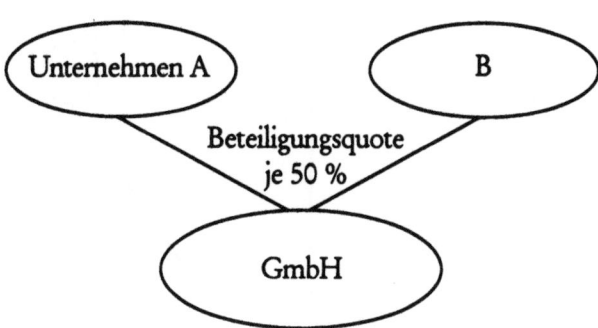

KNE 1: Unt A + GmbH (nach § 19 Abs. 2 Satz 2 Nr. 1, 1. Alt. KWG, UOK)

KNE 2: B + GmbH (nach § 19 Abs. 2 Satz 1 1. Alt. KWG, beherrschender Einfluß)

3.5 Personenhandelsgesellschaften (OHG, KG) und Partnerschaftsgesellschaften

3.5.1 Personenhandelsgesellschaft und jeder persönlich haftende Gesellschafter

Die Personen*handels*gesellschaft wird nach § 19 Abs. 2 Satz 2 Nr. 2 KWG jeweils mit den einzelnen persönlich haftenden Gesellschaftern (phG) zu mehreren Kreditnehmereinheiten zusammengefaßt.[58] Deshalb ist nach der von der Bankenaufsicht seit Ende 1992 praktizierten Praxis der Zuordnung die Verschuldung der OHG bzw. KG jedem einzelnen phG zuzuordnen, d.h. es erfolgt eine **Mehrfachzuordnung** (siehe nachfolgende Beispiele, zunächst für eine OHG und dann für eine KG).

---

[58] Die KG auf Aktien kann nicht unter den Begriff der Personenhandelsgesellschaft subsumiert werden (siehe Abschnitt 2.1.2.2.3.3)

Beispiel 1:

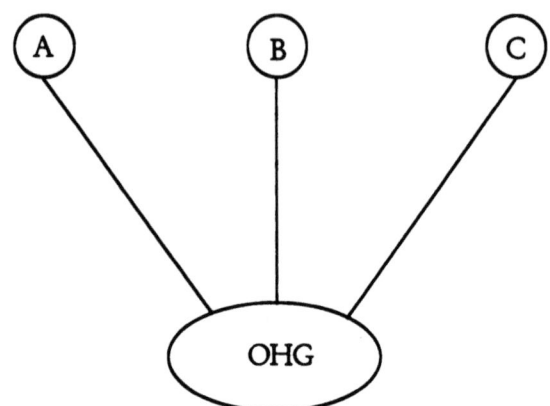

KNE 1: OHG + phG A
KNE 2: OHG + phG B
KNE 3: OHG + phG C

Beispiel 2:

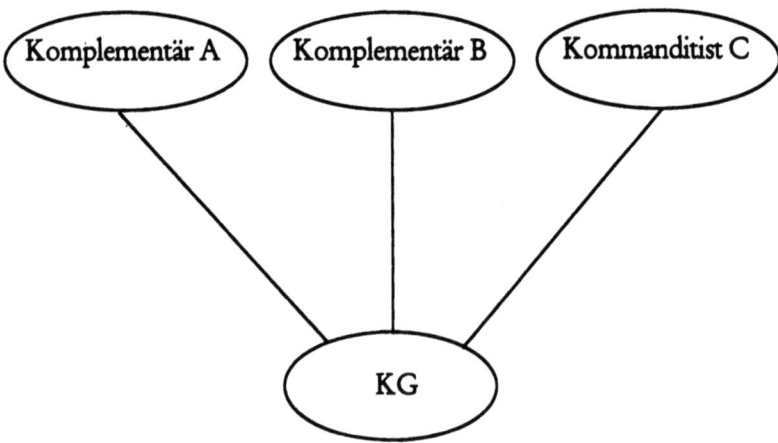

KNE 1:   KG + Komplementär A
KNE 2:   KG + Komplementär B

Bei einer Mehrheitsbeteiligung des Kommanditisten C ist zusätzlich eine KNE nach der Mehrheitsalternative (siehe Abschnitt 3.1, S. 53 ff.) zu bilden; KNE 3: KG + (Mehrheits-) Kommanditist C.

Diese Zusammenfassung der Personen*handels*gesellschaft mit den jeweils persönlich haftenden Gesellschaftern soll der tatsächlichen Risikosituation besser entsprechen. Der einzelne phG hat für sämtliche Verbindlichkeiten der Personenhandelsgesellschaft aufzukommen, aber nicht für die Verbindlichkeiten der anderen Gesellschafter.

Ist eine Person an mehreren Personenhandelsgesellschaften beteiligt, wird sie nach der bankaufsichtlichen Zusammenfassungspraxis – wie nachfolgendes Beispiel 3 zeigt – mit allen Personenhandelsgesellschaften zu einer Kreditnehmereinheit zusammengefaßt.

Beispiel 3: A, B, C und D sind phG der nachfolgenden Personenhandelsgesellschaften:

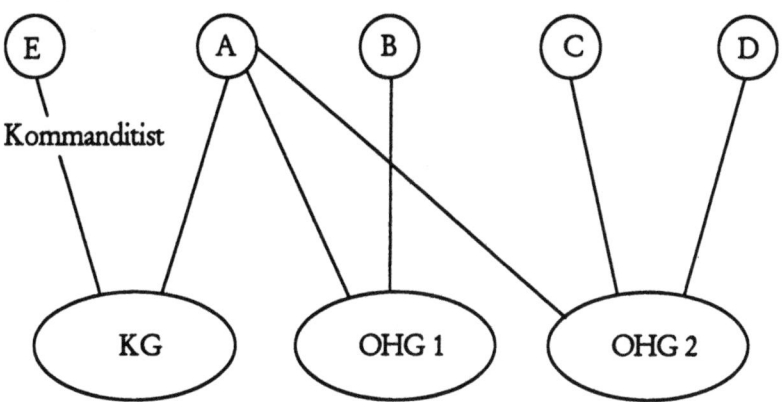

KNE 1: A + KG + OHG 1 + OHG 2 (nach § 19 Abs. 2 Satz 2 Nr. 2 KWG)
KNE 2: B + OHG 1
KNE 3: C + OHG 2
KNE 4: D + OHG 2

Hinweis zum Meldeverfahren nach § 14 KWG (einschließlich Interpretation der Rückmeldung der Bundesbank):
Wenn die Verschuldung der Personenhandelsgesellschaft die Meldegrenze von 3 Mio. DM nicht überschreitet, jedoch aufgrund der Zuordnung der

Verschuldung eines einzelnen persönlich haftenden Gesellschafters die An-
zeigepflicht nach § 14 KWG ausgelöst wird (z.B. die Kredite an OHG und
phG A liegen zusammen über 3 Mio. DM), ergibt sich im Rahmen des Mel-
deverfahrens für Millionenkredite eine Besonderheit. Für diesen Fall ist auch
für jeden weiteren persönlich haftenden Gesellschafter der Personenhandelsgesellschaft eine Zuordnung zur Personenhandelsgesellschaft vorzunehmen und nach § 14 KWG anzuzeigen.

Diese Vorgehensweise wird damit begründet, daß bei der Bearbeitung der
Anzeigen einer Personenhandelsgesellschaft nicht zu erkennen ist, ob die
Gesellschaft für sich allein in der Meldeperiode Kredite über 3 Mio. DM in
Anspruch genommen hat und deshalb anzeigepflichtig wurde, oder ob die
§ 14-Anzeige für die Personenhandelsgesellschaft allein aus der Hinzurech-
nung der Kreditinanspruchnahme des einzelnen persönlich haftenden Gesellschafters ausgelöst wurde.

Ist die **Personenhandelsgesellschaft Spitze eines Unterordnungskonzerns** bzw. Mehrheitsgesellschafter, so sind in der Regel verschiedene Risikoeinheiten zu bilden. Siehe folgendes *Beispiel 4:*

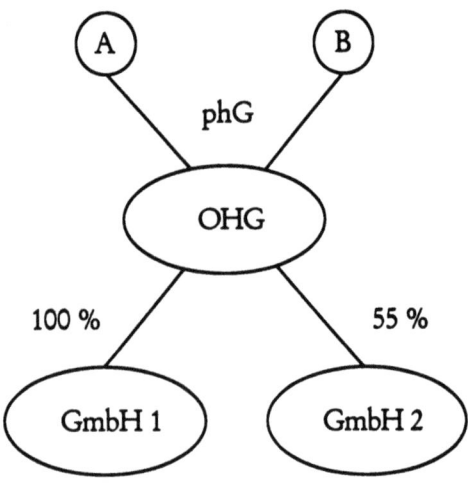

KNE 1: OHG + A + GmbH 1 + GmbH 2
KNE 2: OHG + B + GmbH 1 + GmbH 2

3.5.2 Partnerschaftsgesellschaft

Im Rahmen der 6. KWG-Novelle wurde die Partnerschaftsgesellschaft im § 19 Abs. 2 Satz 2 Nr. 2 ausdrücklich genannt. Danach hat die Bank bei der Bildung von Kreditnehmereinheiten die PartG – analog der OHG – jeweils mit den einzelnen Partnern zu mehreren Kreditnehmereinheiten zusammenzufassen, d.h. es erfolgt eine Mehrfachzuordnung der PartG (siehe nachfolgendes Beispiel):

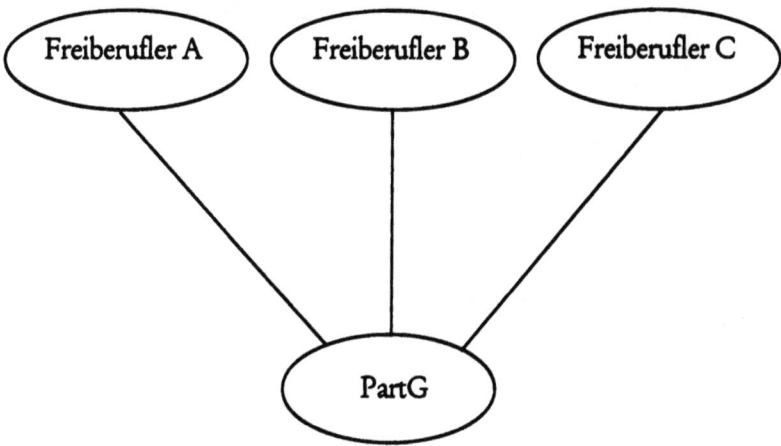

KNE 1: PartG + Freiberufler A
KNE 2: PartG + Freiberufler B
KNE 3: PartG + Freiberufler C

3.6 Sonderfall: Gesellschaften bürgerlichen Rechts (GbR) und Gemeinschaftskredite

Die Gesellschaft bürgerlichen Rechts (siehe Abschnitt 2.1.3.1, S. 32 ff.) weist keine eigene Rechtspersönlichkeit auf. Es besteht somit auch keine Gesellschaft als solche, die verpflichtet werden könnte. Die Verschuldung einer GbR ist daher regelmäßig entsprechend den mit dem Kreditgeber vereinbarten Haftungsregeln den Gesellschaftern zuzurechnen. Diese Zurechnung der GbR-Verschuldung ist an sich kein Fall des § 19 Abs. 2 KWG, sondern eine notwendige erfassungs- bzw. meldetechnische Maßnahme. Unabhängig von dieser Zurechnung der GbR-Verschuldung an die Gesellschafter ist regelmäßig zu prüfen, ob die GbR – als rechtlich besonders organisierte Vermögenseinheit – in eine Kreditnehmereinheit einzubeziehen ist. Eine Zusammenfassung kommt ggf. nach dem Konzerntatbestand (siehe Abschnitt 3.3, S. 64 ff.) oder nach der Mehrheitsalternative (siehe Abschnitt 3.1, S. 53 ff.) in Frage.

3.6.1 Gesamthands-GbR sowie vergleichbare Erben- und Kontengemeinschaften

Die einer Gesamthands-GbR gewährten **Kredite sind den einzelnen unbeschränkt und gesamtschuldnerisch haftenden Gesellschaftern zuzurechnen,** und zwar jeweils in voller Höhe. Damit wird den Haftungsregeln des BGB Rechnung getragen.

Beispiel:
A, B und C sind Gesellschafter einer Gesamthands-GbR und haben einen Gemeinschaftskredit aufgenommen. Die Kreditaufnahmen der GbR und ihrer Gesellschafter verteilen sich wie folgt:

Herr A	2,0 Mio. DM	A B C	
Frau B	1,3 Mio. DM		
Herr C	kein Kredit		
GbR-Kredit	3,0 Mio. DM	GbR	

Der GbR-Kredit ist jedem gesamtschuldnerisch haftenden Gesellschafter zuzurechnen, d.h. es erfolgt eine Mehrfachzurechnung der GbR-Verschuldung, so daß für Kreditnehmer A 5,0 Mio. DM, für Kreditnehmer B 4,3 Mio. DM und für Kreditnehmer C 3,0 Mio. DM auszuweisen sind.

Bei Gemeinschaftskrediten und Erbengemeinschaften ist von einer Haftung wie bei der Gesamthands-GbR auszugehen. Daher sind derartige Kreditaufnahmen analog der Regeln für die GbR zu behandeln. D.h. es kommt auch hier nicht zur Bildung einer Kreditnehmereinheit zwischen den Vertragspartnern, sondern der **Gemeinschaftskredit wird allen Gesamtschuldnern zugerechnet.**

Bei vertraglich begründeter **gesamtschuldnerischer Mithaftung** wird nach allgemeiner Auffassung der so Verpflichtete regelmäßig nicht zum Vertragspartner eines der in § 19 Abs. 1 KWG genannten Verträge und somit nicht zum Kreditnehmer. Hier handelt es sich grundsätzlich um eine besondere Form der Besicherung.

3.6.2 Sonderformen aufgrund von Haftungsvereinbarungen

Beachte: Von der Gesamthands-GbR sind nachfolgende **Sonderformen** zu unterscheiden:

- Die GbR mit persönlicher Haftungsbeschränkung der Gesellschafter (Quoten-GbR);
- die GbR ohne persönliche Haftung der Gesellschafter. Diese GbR werden wie Kapitalgesellschaften behandelt.

Relevant sind hier die im **Außenverhältnis** dem Kreditgeber gegenüber vereinbarten Regelungen.[59] Beispielsweise hat es der Bundesgerichtshof als nicht ausreichend angesehen, wenn auf einem Briefbogen der Zusatz „BGB-Gesellschaft mit Haftungsbeschränkung" angebracht ist.

Beispiel: Quoten-GbR: Die Gesellschafter A, B und C haben zum gemeinsamen Erwerb eines Mehrfamilienhauses zusammen einen Kredit aufgenommen. Im Kreditvertrag wurde vereinbart, daß die persönliche Haftung jedes einzelnen Gesellschafters auf eine Quote von 1/3 beschränkt ist.

Die Kreditaufnahmen verteilen sich wie folgt:

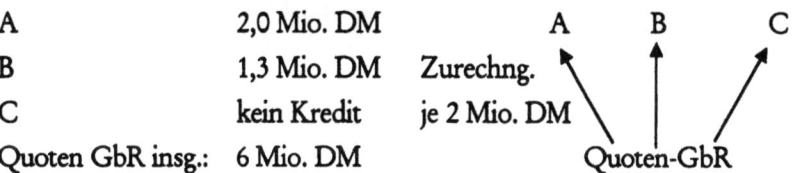

A	2,0 Mio. DM		A	B	C
B	1,3 Mio. DM	Zurechng.			
C	kein Kredit	je 2 Mio. DM			
Quoten GbR insg.:	6 Mio. DM			Quoten-GbR	

Ergebnis: Den einzelnen Gesellschaftern ist hier nicht der gesamte Kredit an die Quoten-GbR, sondern nur die Quote von jeweils 2 Mio. DM zuzu-

---

[59] Vgl. Deutsche Bundesbank, Evidenzzentrale für Millionenkredite, Merkblatt ... § 14 KWG, a.a.O., S. 36 ff.

rechnen, so daß A insgesamt mit 4 Mio. DM, B mit 3,3 Mio. DM und C mit 2,0 Mio DM verschuldet ist.

Beispiel 1: GbR ohne persönliche Haftung der Gesellschafter: Die Gesellschafter A, B, C und D , die an der GbR zu je 25 % beteiligt sind, haben zur Finanzierung eines Grundstückerwerbs einen Kredit aufgenommen. Die Kreditnehmer haben mit dem Kreditgeber im Kreditvertrag vereinbart, daß die Haftung der GbR-Gesellschafter auf das Gesamthandsvermögen beschränkt ist und keine Nachschußpflicht besteht.

Die Kreditaufnahmen verteilen sich wie folgt:

A	2,0 Mio. DM
B	1,3 Mio. DM
C	kein Kredit
D	kein Kredit
GbR	2,0 Mio. DM

Ergebnis: Eine Zurechnung bzw. Zusammenfassung des GbR-Kredits an die Gesellschafter der GbR erfolgt nicht. Faktisch gibt es hier fünf eigenständige Kreditnehmer.

Hält jedoch ein Gesellschafter an einer „GbR ohne persönliche Haftung der Gesellschafter" die Mehrheit der Einlagen, so erfolgt ebenfalls keine Zurechnung der Kredite an die Gesellschafter. Es ist aber – wie nachfolgendes Beispiel zeigt – eine Kreditnehmereinheit nach § 19 Abs. 2 Satz 1, 3. Alternative KWG zwischen dem Mehrheitsgesellschafter und der betreffenden GbR zu bilden:

Beispiel 2: A, B und C sind Gesellschafter einer GbR ohne persönliche Haftung der Gesellschafter mit Unternehmenseigenschaft. Die Einlagen werden zu 60 % von A und zu je 20 % von B und C gehalten. Da A hier die Mehrheit der Einlagen besitzt, bildet er mit der betreffenden GbR eine Kreditnehmereinheit (siehe hierzu auch Abschnitt 3.1, S. 53 ff.).

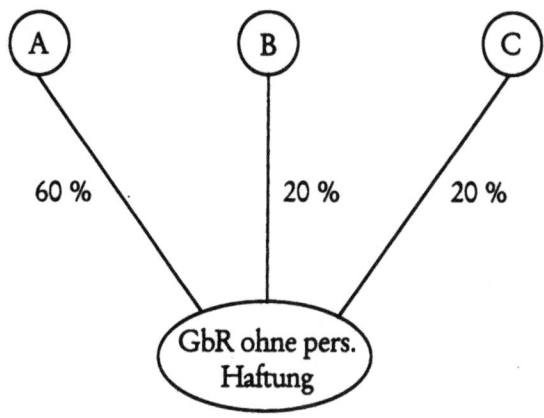

KNE: A + GbR (nach § 19 Abs. 2 Satz 2 Nr.1 3. Alt. KWG)

3.6.3 GbR mit Unternehmenseigenschaft

Wenn die GbR Unternehmenseigenschaft hat, und Teil eines Konzerns ist, ist die **idealtypische Lösung**, daß sie

1. der KNE des Konzerns **zugeordnet** und
2. der persönlichen Verschuldung ihrer Partner **zugerechnet** wird.

Beispiel 1: GbR im Gleichordnungskonzern: An der Autohandels GmbH sind A, B und C beteiligt. Die Besitz-Quoten-GbR mit den Gesellschaftern B, C und D hat das Betriebsgebäude errichtet und an die GmbH verpachtet. Beide Unternehmen stehen unter der einheitlichen Leitung der Gesellschafter B und C. Die Kreditaufnahmen verteilen sich wie folgt:

A	kein Kredit
B	1,3 Mio. DM
C	kein Kredit
D	2,0 Mio. DM
GmbH	3,0 Mio. DM
Quoten GbR	6,0 Mio. DM

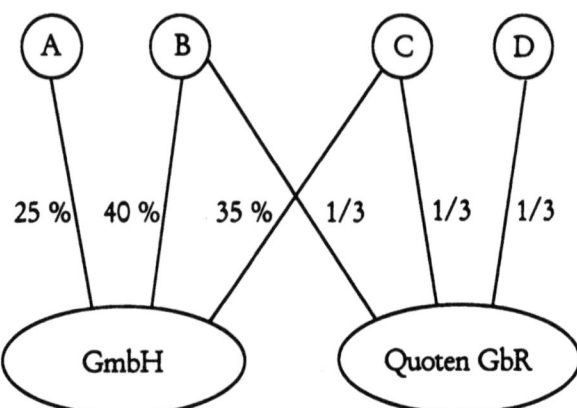

KNE: GmbH + Quoten GbR nach § 19 Abs. 2 Satz 2 Nr.1, 1. Alternative (Gleichordnungskonzern) KWG; verschuldet mit insgesamt 9 Mio. DM.

Zusätzlich ist der Kredit der Quoten-GbR den einzelnen Gesellschaftern quotal zuzurechnen, so daß B mit 3,3 Mio. DM, C mit 2,0 Mio. DM und D mit 4,0 Mio. DM verschuldet ist.

Beispiel 2: GbR im Unterordnungskonzern: A ist Mehrheitsgesellschafter (und Konzernspitze) der Tiefbau-GmbH und der Hochbau-GmbH. Die beiden GmbHs gründen mit der Metallbau-AG als jeweils gleichberechtigte Parteien eine Arbeitsgemeinschaft (Gesamthands-GbR), der ein Fertigstellungskredit von 4 Mio. DM gewährt wird.

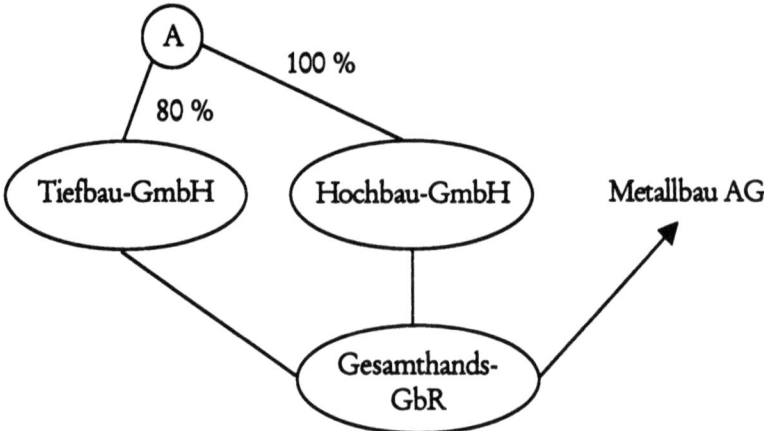

Die Gesamthands-GbR ist in die KNE (UOK) der A-Gruppe einzubeziehen: A + Tiefbau-GmbH + Hochbau-GmbH + Gesamthands-GbR. Darüber hinaus ist die GbR-Verschuldung (4 Mio. DM) der Metallbau-AG zuzurechnen.

Hat eine Gesamthands-GbR einen in kaufmännischer Weise eingerichteten Geschäftsbetrieb und übt sie ein **Grundhandelsgewerbe** aus, handelt es sich um eine faktische OHG, auf die der Zusammenfassungtatbestand des § 19 Abs. 2 Satz 2 Nr. 2 Anwendung findet (siehe Abschnitt 3.5.1, S. 73 ff.).

3.7 Strohmannkredite

Als **ein Kreditnehmer** gelten auch Personen und Unternehmen, für deren Rechnung Kredit aufgenommen wird, mit demjenigen, der den Kredit im eigenen Namen aufnimmt. Damit verfolgt der Gesetzgeber das Ziel, Umgehungen der anderen Zusammenfassungsgebote des § 19 Abs. 2 KWG auszuschließen.

Das in § 19 Abs. 2 Satz 2 Nr. 3 KWG **angesprochene Zusammenfassungsgebot** ist jedoch **als Zuordnungsgebot zu verstehen**, denn es führt nicht zu einer umfassenden KNE. Die Zusammenfassung betrifft nur den für Rechnung eines anderen (Hintermann) aufgenommenen Kredit und bedeutet, daß dieser Kredit sowohl dem Strohmann als auch dem Hintermann zuzuordnen ist (siehe nachfolgende Abbildung).

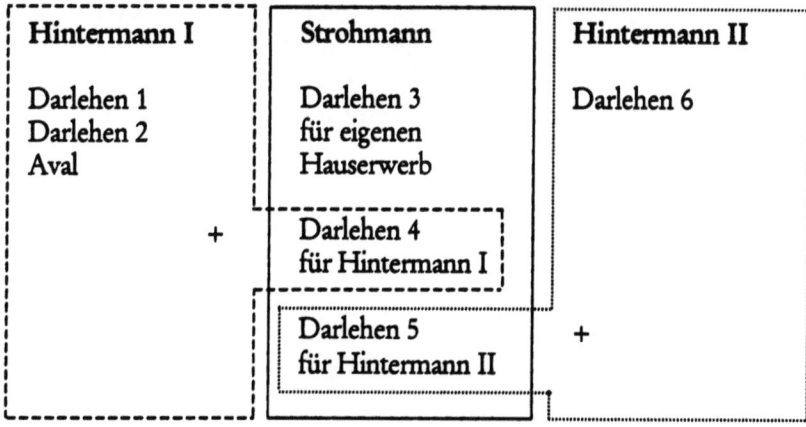

1. KNE (durch Zurechnung) I: Hintermann I + „Strohmannkredit (Darlehen 4)"
2. KNE (durch Zurechnung) II: Hintermann II + „Strohmannkredit (Darlehen 5)"
3. Kreditnehmer Strohmann: Darlehen 3 + Darlehen 4 + Darlehen 5 $\Rightarrow$ Doppelzurechnung der Strohmannkredite

Um die Strohmanneigenschaft erkennen zu können, was in der Praxis im allgemeinen schwierig ist, müssen **im Zweifelsfalle folgende Indizien geklärt** werden:

1. Wer erbringt den Zins- und Kapitaldienst?
   Diese Frage steht im Vordergrund!
2. Welchen Verwendungszweck hat der Kredit?
3. Wer stellt die Kreditsicherheiten?
4. Wer führt die Kreditverhandlungen?

Entscheidend für die Beurteilung ist stets das **Gesamtbild** der beschaffbaren Informationen.

Zu beachten ist, daß auch Minderheitsgesellschafter häufig Strohmann für ihre Kapitalgesellschaft sein können. Dies verdeutlicht nachfolgendes *Beispiel:*

Die Gesellschafter A, B, C und D der GmbH haben im Verhältnis zu ihren Beteiligungsquoten Darlehen (z.B. ERP-Fördermittel) über insgesamt 2 Mio. DM aufgenommen und an die GmbH als Gesellschafterdarlehen weitergeleitet. Die GmbH errichtet damit eine Werkshalle, die gleichzeitig als Sicherheit für die Kredite an die GmbH-Gesellschafter dient. Außerdem erbringt die GmbH direkt den Kapitaldienst für diese Fördermittel.

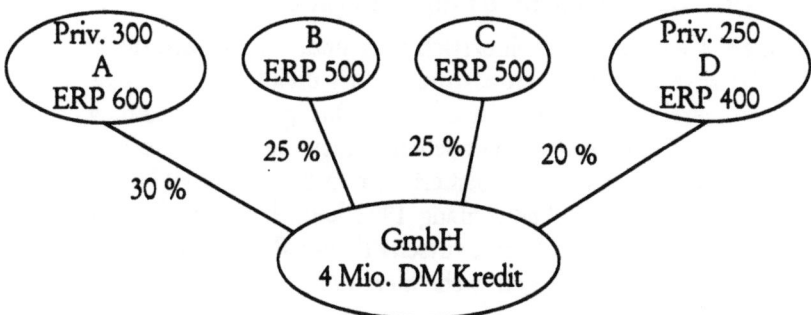

Ergebnis: Die Gesellschafterdarlehen (ERP-Fördermittel) stellen Strohmannkredite im Sinne des § 19 Abs. 2 Satz 2 Nr. 3 KWG dar. Der GmbH sind daher die Strohmannkredite der vier Minderheitsgesellschafter zuzuordnen, so daß die GmbH mit insgesamt 6 Mio. DM verschuldet ist.

Ein Strohmannkredit liegt jedoch nur dann vor, wenn an den Hintermann tatsächlich Kreditmittel – und nicht Eigenmittel – weitergeleitet werden. Würden die Gesellschafter Kredite aufnehmen, um eine Kapitalerhöhung bei der GmbH durchzuführen, liegt kein Strohmannkredit, sondern ein kreditfinanzierter Beteiligungserwerb vor. Falls in einem solchen Fall die GmbH die Sicherheiten für die Kredite an die GmbH-Gesellschafter stellt, werden die Vorschriften zur verbotenen Einlagenrückgewähr[60] relevant.

3.8 Sonderfall: Kreditnehmende Ehegatten

Die Tatsache der Ehe (oder die Familienzugehörigkeit minderjähriger Kinder) rechtfertigt für sich allein gesehen noch keine Zusammenfassung der Ehegatten; vielmehr muß neben einer Zweck- und Wirtschaftsgemeinschaft zusätzlich ein Tatbestand des § 19 Abs. 2 KWG vorliegen (siehe Schreiben des BAKred v. 20.01.1992 an die Spitzenverbände der Kreditinstitute).

---

[60] Vgl. §§ 30 ff. GmbHG

3.8.1 Nicht unternehmerisch tätige Ehegatten

Ehegatten, die nicht unternehmerisch tätig sind, waren **nach der bis Ende 1995 relevanten Zusammenfassungspraxis** im allgemeinen nicht zu einer Kreditnehmereinheit zusammenzufassen. Das galt auch dann, wenn die Ehegatten in Gütergemeinschaft leben, einen Gemeinschaftskredit aufgenommen oder sich gegenseitig Sicherheiten (z.B. selbstschuldnerische Bürgschaften) bestellt haben. Seit Anfang 1996 kann hier jedoch der neue Zusammenfassungstatbestand der „wirtschaftlichen Risikoeinheit" (§ 19 Abs. 2 Satz 1, 2. Alt. KWG) vorliegen. Siehe hierzu Abschnitt 3.9, S. 90 ff.

Es können ferner die Voraussetzungen der **Mehrheitsalternative vorliegen**, wenn zwischen den Ehegatten eine Zweck- und Wirtschaftsgemeinschaft besteht und die zusammengerechneten Anteile einen Mehrheitsbesitz ergeben (siehe hierzu Abschnitt 3.1, S. 53 ff.).

3.8.2 Unternehmerisch tätige Ehegatten

Sind beide Ehegatten als Unternehmen im Sinne des Konzernrechts anzusehen, ist ggf. eine Zusammenfassung nach dem Konzerntatbestand (Unterordnungskonzern bzw. Gleichordnungskonzern) oder der Mehrheitsalternative geboten. Praktisch von Bedeutung ist insbesondere die Zusammenfassung der Ehegatten mit den von ihnen gemeinsam beherrschten Unternehmen zu einem Unterordnungskonzern.

Die **Bildung eines Ehegatten-(Unterordnungs-)Konzerns** ist möglich, wenn die Ehegatten durch eine mehrere Unternehmen umfassende, planmäßige, gemeinsame Gestaltung der wirtschaftlichen Verhältnisse zeigen, daß sie aufgrund ihrer gleichgerichteten wirtschaftlichen Interessen zusätzlich zur ehelichen Lebensgemeinschaft eine Zweck- und Wirtschaftsgemeinschaft eingegangen sind (BFH v. 24.07.1986)[61]. Laut Bundesgerichtshof ist zudem **Beherrschender Einfluß auch von mehreren gleichgerichteten Unternehmen möglich**, wenn eine ausreichend sichere Grundlage für die Ausübung gemeinsamer Herrschaft gegeben ist.

---

[61] NN, Betriebsaufspaltung und gleichgerichtete Interessen von Eheleuten, in: Betriebs-Berater vom 30.10.1986, S. 2044

Die Grundlage für eine **Zusammenfassung der Eheleute ist um so sicherer**, je mehr der folgenden Beweisanzeichen (kumulativ) vorliegen:[62]

1. Betriebsaufspaltung bzw. Branchengleichheit oder -ähnlichkeit der Unternehmen;

2. gegenseitige Geschäftsführertätigkeit der Eheleute in ihren Unternehmen;

3. gegenseitige Sicherheitenstellung (z.B. Grundschulden, Bürgschaften etc.);

4. Vollmachtserteilung der Eheleute untereinander und für ihre Unternehmen (Prokura, Handlungsvollmacht, Kontovollmacht);

5. Vereinbarung einer gesamtschuldnerischen Haftung für Verbindlichkeiten der Eheleute und ihrer Unternehmen (Gemeinschaftskredite);

6. Führung von betrieblichen Gemeinschaftskonten bzw. Einräumung von Kreditrahmen, die wahlweise von den Eheleuten bzw. ihren Unternehmen beansprucht werden können;

7. gegenseitige Verpachtung/Vermietung von Vermögensgegenständen (Gebäude, Maschinen, Fuhrpark usw.);

8. Mitarbeiter werden je nach Arbeitsanfall in den verschiedenen Unternehmen der Eheleute eingesetzt bzw. eine Gemeinschaftsverwaltung (Büro) unterhalten;

9. wirtschaftliche Abhängigkeit des einen Ehegatten oder seiner Betriebe von dem anderen Ehegatten (z.B. im Produktionsbetrieb des Ehemanns hergestellte Produkte werden über das Vertriebsunternehmen der Ehefrau verkauft);

10. Gütergemeinschaft.

Entscheidend ist immer das Gesamtbild aller dem Kreditinstitut bekannten Indizien. Liegt eine **Zweck- und Wirtschaftsgemeinschaft** vor, so ist – wie aus den vier nachfolgenden Abbildungen hervorgeht – eine Zusammenfassung der Eheleute und ihrer/s Unternehmen notwendig.

---

[62] Vgl. Bundesaufsichtsamt für das Kreditwesen, Verlautbarung vom 20.01.1992 zur Bildung von Kreditnehmereinheiten bei paritätischer Beteiligung (Gemeinschaftsunternehmen) und Voraussetzungen für die Kreditnehmerzusammenfassung nach § 19 Abs. 2 Satz 1 *(jetzt Satz 2)* Nr. 1 KWG bei Krediten an Ehegatten

Beispiel 1:

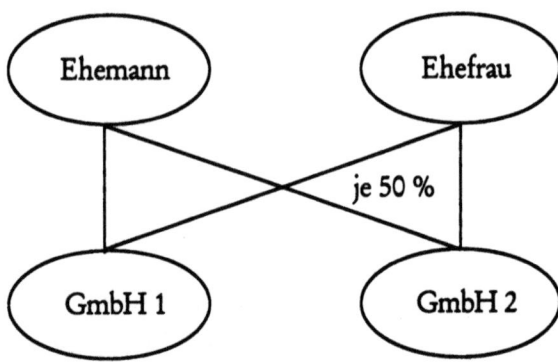

Zusammenrechnen der Anteile ist möglich (wenn Eheleute gleichgerichtete wirtschaftliche Interessen verfolgen) ⇒ umfassende KNE: Ehemann + Ehefrau + GmbH1 + GmbH2

Beispiel 2:

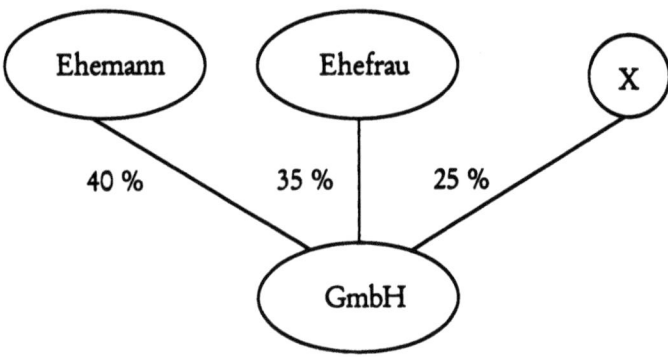

Zusammenrechnen der Anteile ist möglich (wenn Eheleute gleichgerichtete wirtschaftliche Interessen verfolgen)

⇒ KNE: Ehemann + Ehefrau + GmbH

Beispiel 3:

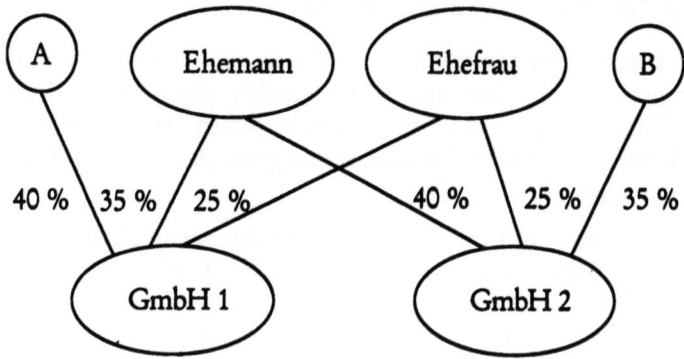

KNE: Ehemann + Ehefrau + GmbH 1 + GmbH 2, wenn Zweck- und Wirtschaftsgemeinschaft gegeben.

Beispiel 4:

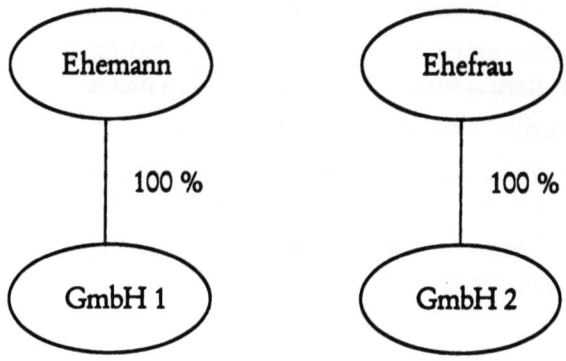

Umfassende KNE nur, wenn eindeutig Zweck- und Wirtschaftsgemeinschaft vorliegt.

3.9   Die Risikoeinheit wegen bestehender wechselseitiger finanzieller Abhängigkeiten

Verschiedene Kreditnehmer sind – und das ist neu – als Risikoeinheit anzusehen, wenn die zwischen ihnen bestehenden gegenseitigen finanziellen Abhängigkeiten es wahrscheinlich erscheinen lassen, daß, wenn einer dieser Kreditnehmer in finanzielle Schwierigkeiten gerät, dies auch bei den anderen zu Zahlungsschwierigkeiten führt.

Die Zusammenfassung wird hier auf eine **Prognoseentscheidung** gestützt, d.h. die bestehenden Abhängigkeiten müssen nicht mit absoluter Sicherheit zur Übertragung von Zahlungsschwierigkeiten führen. Die Abhängigkeiten müssen jedoch wechselseitig sein, d.h. einseitige Abhängigkeiten reichen für eine Zusammenfassung nicht aus (sog. Dominoeffekt).

Nach dem Rundschreiben des BAKred Nr. 3/1997 vom 24.02.1997 ist der Zusammenfassungstatbestand „wechselseitige finanzielle Abhängigkeiten" nicht kumulativ (siehe Abschnitt 4, S. 95 ff.) mit den anderen Zusammenfassungstatbeständen des § 19 Abs. 2 KWG anzuwenden. Eine Mehrfachzuordnung eines Kreditnehmers wird dadurch freilich nicht ausgeschlossen.

Unter den vorgenannten Prämissen wird man künftig **folgende Kreditnehmerzusammenfassungen zusätzlich bilden** müssen:

a. Zwei oder mehrere natürliche Personen

   * stellen sich für aufgenommene Kredite gegenseitig in beachtlichem Umfang Sicherheiten (z.B. Bürgschaften, Grundschulden) und

   * haben ggf. zusätzlich als Gesamtschuldner Gemeinschaftskredite aufgenommen, deren Rückzahlung die Finanzkraft der einzelnen Person übersteigt.

Beispiel:

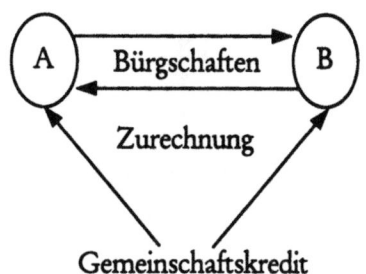

Ergebnis: KNE: A + B (nach § 19 Abs. 2 Satz 1 2. Alt. KWG), wenn wechselseitig finanzielle Abhängigkeiten vorliegen, die wahrscheinlich Zahlungsschwierigkeiten übertragen.

b. Ein Minderheitsgesellschafter einer GmbH stellt der Bank in erheblichem Umfang Sicherheiten (z.B. Bürgschaften) für GmbH-Kredite zur Verfügung und ist einkommensmäßig von der GmbH abhängig. Die GmbH wiederum benötigt zwingend das Know-How des A. Dies wird insbesondere der Fall sein, wenn die GmbH Rechte (Patente) des Minderheitsgesellschafters nutzt und/oder die Qualifikation des Gesellschafters für den wirtschaftlichen Erfolg der Gesellschaft maßgeblich ist.

⇒ Ein Konkurs der GmbH wird aller Wahrscheinlichkeit nach auch bei den Sicherungsgebern (z.B. Minderheitsgesellschafter A) zu finanziellen Schwierigkeiten führen. Umgekehrt werden finanzielle Schwierigkeiten des Sicherungsgebers und Know-How-Trägers (Minderheitsgesellschafter A) zur (Teil-)Kündigung der Kredite an die GmbH führen. Verstärkt werden diese Abhängigkeiten noch dadurch, daß solche Minderheitsgesellschafter zumeist gleichzeitig Geschäftsführer der GmbH sind, und aufgrund der Gehaltszahlungen wirtschaftlich von der GmbH abhängig sind. D.h. finanzielle Probleme der GmbH führen i.d.R. auch zu Zahlungsschwierigkeiten des/der Minderheitsgesellschafter-Geschäftsführer(s), da bei diesem/n mit erheblichen Einkommensausfällen zu rechnen ist. Auch eine Verpfändung bzw. Abtretung der GmbH-Anteile für private Kredite der GmbH-Minderheitsgesellschafter kann zur Übertragung von Zahlungsschwierigkeiten führen.

Beispiel 1:

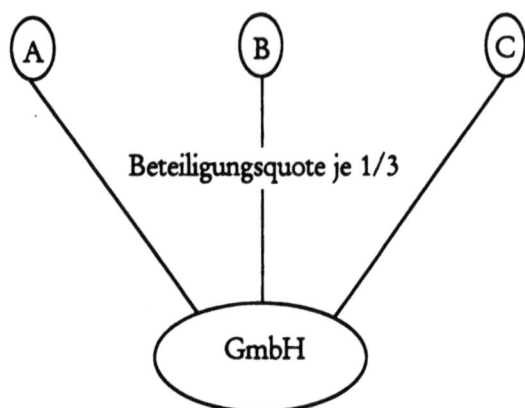

Ergebnis: In unserem Beispiel ist bei *gegenseitiger* wirtschaftlicher Abhängigkeit von A und der GmbH die KNE: A + GmbH zu bilden.

Die Übertragung von Zahlungsschwierigkeiten von einem Minderheitsgesellschafter (z.B. A) – über die GmbH 1 – auf einen anderen Minderheitsgesellschafter (z.B. B oder C) bzw. ein Tochterunternehmen der GmbH 1 sind dagegen im allgemeinen nur in Ausnahmefällen anzunehmen.

Beispiel 2:

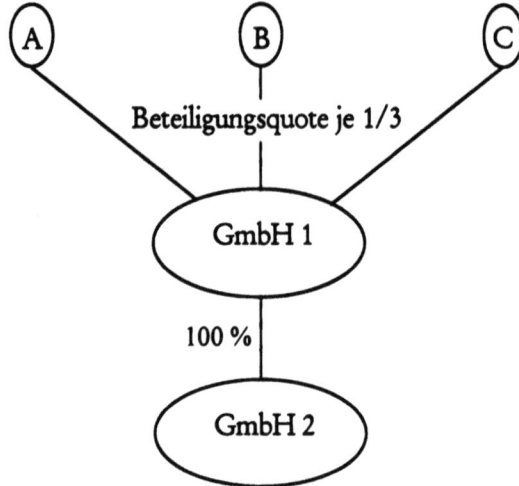

Ergebnis: In diesem Beispiel sind bei gegenseitiger finanzieller Abhängigkeiten bis zu vier Kreditnehmereinheiten zu bilden. *KNE 1:* GmbH 1 + GmbH 2 (nach § 19 Abs. 2 Satz 2 Nr. 1, 1. oder 3. Alt. KWG sowie ggf. nach § 19 Abs. 2 Satz 1, 2. Alt. KWG, *KNE 2:* A + GmbH 1, *KNE 3:* B + GmbH 1, *KNE 4:* C + GmbH 1

Die vorstehend dargelegten Sachverhalte treffen in gleicher Weise auf Kommanditisten zu, die einkommensmäßig von der KG abhängig sind oder für diese Sicherheiten gestellt haben.

In der Praxis wird sich der Kreditgeber im allgemeinen auf Indizien stützen müssen, um die Annahme einer solchen Zweck- und Wirtschaftsgemeinschaft, die sehr wahrscheinlich zur gegenseitigen Übertragung von Zahlungsschwierigkeiten führt, festzustellen. Eine abschließende Auflistung der ggf. heranzuziehenden Beweisanzeichen ist nicht möglich; gleichwohl sollen hier einige wichtige genannt werden:

- gegenseitige Sicherheitenstellung (Bürgschaften, Grundschulden etc.) oder Abgabe von Patronatserklärungen (aber kein Konzern),

- Vereinbarung einer gesamtschuldnerischen Haftung (Gemeinschaftskredite, gemeinsame Verschuldung ist für den einzelnen Kreditnehmer beträchtlich);

- Führung von Gemeinschaftskonten bzw. Einräumung von Kreditrahmen, die die Kreditnehmer wahlweise beanspruchen können;

- Vollmachtserteilung der Kreditnehmer untereinander;

- gegenseitige Verpachtung/Vermietung von Vermögensgegenständen (Gebäude, Maschinen etc.);

- einkommensmäßige Abhängigkeit der Kreditnehmer untereinander,

- gesellschaftsrechtliche Verflechtungen der Kreditnehmer als Minderheitsgesellschafter (Mehrheitsbeteiligungen und Unterordnungskonzerne bilden nach § 19 Abs. 2 Satz 2 KWG(5.) bereits für sich allein gesehen einen Zusammenfassungstatbestand).

Der Nachweis des Vorliegens wirtschaftlicher Abhängigkeiten, die zur wahrscheinlichen Übertragung von Zahlungsschwierigkeiten führen, ist um so sicherer, je mehr der vorgenannten Beweisanzeichen kumulativ vorliegen.

4 Umfang einer Kreditnehmereinheit

Die vorgenannten Zusammenfassungsgebote des § 19 Abs. 2 KWG können

- sich teilweise überschneiden (z.B. Mehrheitsalternative und Unterordnungskonzern),
- eine Mehrfachzuordnung von Kreditnehmern erfordern (KG wird 1. dem Komplementär und 2. dem Mehrheitskommanditisten zugeordnet) oder
- kumulativ angewendet werden.

Der ggf. notwendigen kumulativen Anwendung der unter 3. genannten Zusammenfassungsgebote ist für die Kreditinstitute von besonderer Bedeutung, da sie zu einer Ausweitung der KNE führen und sich deshalb auf die Großkredit- und Höchstkreditgrenze auswirken können. Das Zusammenfassungskriterium „wechselseitige finanzielle Abhängigkeiten" nach § 19 Abs. 2 Satz 1, 2. Alternative KWG wird jedoch nicht kumulativ auf die anderen Zusammenfassungskriterien des § 19 Abs. 2 KWG angewendet.

Beispiele für die kumulative Anwendung der Zusammenfassungsgebote:

1. Mehrheitsbeteiligung an einer Komplementär-GmbH einer GmbH & Co. KG (siehe Abschnitt 3.1, S. 56),
2. Personenhandelsgesellschaft bzw. Gesellschaft bürgerlichen Rechts ist Konzernspitze bzw. Mehrheitsgesellschafter (siehe Abschnitt 3.5.1, S. 76),
3. Personenhandelsgesellschaft ist Teil eines Gleichordnungskonzerns (siehe nachfolgende Abbildung),

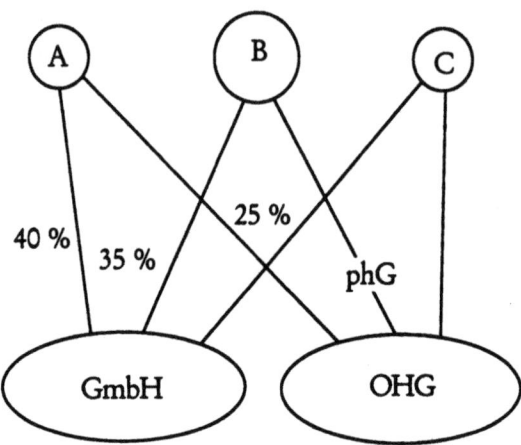

Ergebnis: KNE 1: OHG + A + GmbH, KNE 2: OHG + B + GmbH, KNE 3: OHG + C + GmbH

4. Person hält Mehrheit an Obergesellschaft eines Unterordnungskonzerns (siehe nachfolgende Abbildung),

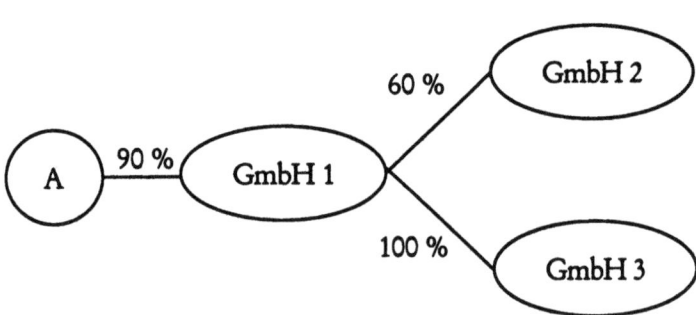

Ergebnis: Umfassende KNE: A + GmbH 1 + GmbH 2 + GmbH 3

5. Obergesellschaft eines Unterordnungskonzerns ist gleichzeitig Teil eines Gleichordnungskonzerns (siehe nachfolgende Abbildung).

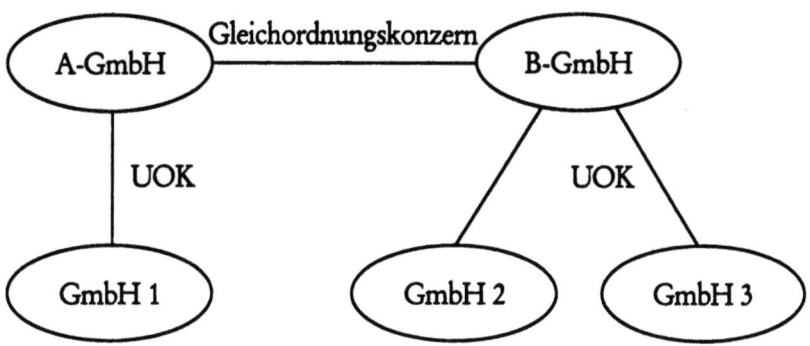

Ergebnis:
Umfassende KNE: A-GmbH + B-GmbH + GmbH1 + GmbH2 + GmbH3

5 Anlagen

5.1 Bedeutende Stellungnahmen des BAKred zu § 19 Abs. 2 KWG

1. Rundschreiben 3/97 an alle Kreditinstitute in der Bundesrepublik Deutschland wegen Kreditnehmereinheiten nach § 19 Abs. 2 Satz 1 KWG

Das 5. KWG-Änderungsgesetz hat in § 19 Abs. 2 Satz 1 KWG zwei zusätzliche Tatbestände für die Zusammenfassung von Kreditnehmern eingeführt:

1. Zwei oder mehr natürliche oder juristische Personen oder Personenhandelsgesellschaften bilden insofern eine Kreditnehmereinheit, als eine von ihnen unmittelbar oder mittelbar beherrschenden Einfluß über die anderen ausüben kann.

2. Zwei oder mehr natürliche oder juristische Personen oder Personenhandelsgesellschaften bilden insofern eine Risikoeinheit, als es die zwischen ihnen bestehenden Abhängigkeiten wahrscheinlich erscheinen lassen, daß, wenn einer dieser Kreditnehmer in finanzielle Schwierigkeiten gerät, dies auch bei den anderen zu Zahlungsschwierigkeiten führt.

Die bisherigen Zusammenfassungstatbestände hat der Gesetzgeber in dem neuen § 19 Abs. 2 Satz 2 KWG fortgeschrieben. Insoweit ist – nach Maßgabe der Erweiterungen des Ausnahmekataloges in § 19 Abs. 2 Satz 2 Nr. 1 Buchst. a bis d KWG – grundsätzlich an die bisherigen Kreditnehmereinheiten und die durch das Bundesaufsichtsamt bisher veröffentlichten Auslegungsgrundsätze anzuknüpfen. § 19 Abs. 2 Satz 2 KWG ist gesetzestechnisch als unwiderlegbare Rechtsvermutung konzipiert. Das bedeutet: Zwei oder mehr Adressen, die unter einen der Tatbestände des § 19 Abs. 2 Satz 2 KWG fallen, sind für die Zwecke der §§ 10, 13 bis 18 KWG, beispielsweise für die Auslösung der Meldepflichten der §§ 13, 13a und 14 KWG und für die Berechnung der Auslastung der Großkreditobergrenzen, zu einem Kreditnehmer zusammenzufassen – und zwar unabhängig davon, ob sie sich unter eine der beiden Fallgruppen des § 19 Abs. 2 Satz 1 KWG subsumieren lassen oder nicht.

1. § 19 Abs. 2 Satz 1 Alternative 1 KWG (beherrschender Einfluß)

§ 19 Abs. 2 Satz 1 Alternative 1 KWG betrifft Zusammenfassungen, die auf die Möglichkeit zurückgehen, unmittelbar oder mittelbar beherrschenden Einfluß auszuüben. Daß das Merkmal des beherrschenden Einflusses auch ein konzernrechtlicher Begriff ist (§ 17 Abs. 1 AktG), schließt diese Variante den Unterordnungskonzern als Kreditnehmereinheit nach § 19 Abs. 2 Satz 2 Nr. 1 KWG ein, der als wichtigster Unterfall den Anwendungsbereich des § 19 Abs. 2 Satz 1 Alternative 1 KWG weitgehend abdeckt.

Eine selbständige Bedeutung kommt dem neuen Tatbestand namentlich in den Fällen zu, in denen eine Person unmittelbar oder mittelbar beherrschenden Einfluß über eine juristische Person oder einen Personenzusammenschluß ausüben kann, ohne die Mehrheit der Anteile oder Stimmrechte zu halten und ohne selbst Unternehmen zu sein. § 19 Abs. 2 Satz 1 Alternative 1 KWG hat insoweit die Funktion eines Auffangtatbestandes. Für die Bildung von Kreditnehmereinheiten ist bei Beherrschungsverhältnissen die Unternehmenseigenschaft keine Voraussetzung mehr.

Dies hat beispielsweise in den folgenden Fällen Bedeutung:

Bei einem Gemeinschaftsunternehmen, an dem paritätisch ein Unternehmen und ein Nicht-Unternehmen oder auch zwei Nicht-Unternehmen beteiligt sind und Indizien für eine gemeinsame Herrschaft entsprechend meiner Verlautbarung I 3 – 236 – 2/85 vom 20. Januar 1992 vorliegen, ist es nunmehr auch möglich, neben der Kreditnehmereinheit „Gemeinschaftsunternehmen/beteiligtes Unternehmen" eine weitere Kreditnehmereinheit „Gemeinschaftsunternehmen/paritätisch beteiligtes Nicht-Unternehmen" bzw. zwei Kreditnehmereinheiten „Gemeinschaftsunternehmen/paritätisch beteiligtes Nicht-Unternehmen" zu bilden. Die ergänzende Verlautbarung I 3 – 236 – 2/85 vom 20. April 1994 wird insoweit durch dieses Rundschreiben abgelöst.

2. § 19 Abs. 2 Satz 1 Alternative 2 KWG (Risikoeinheit aufgrund wechselseitiger finanzieller Abhängigkeiten)

§ 19 Abs. 2 Satz 1 Alternative 2 KWG betrifft Kreditnehmer, die ohne Vorliegen eines Beherrschungsverhältnisses als Risikoeinheit anzusehen sind, da die zwischen ihnen bestehenden (wirtschaftlichen) Abhängigkeiten es in hohem Maße wahrscheinlich erscheinen lassen, daß, wenn einer dieser Kreditnehmer in finanzielle Schwierigkeiten gerät, dies auch bei den anderen zu

Zahlungsschwierigkeiten führt. Der Zusammenfassungstatbestand „Risiko-einheit" ist nicht kumulativ mit den anderen Zusammenfassungstatbeständen des § 19 Abs. 2 Satz 1 Alternative 1 und 2 KWG anzuwenden. Es ist jedoch denkbar, daß ein Kreditnehmer einer Risikoeinheit zugeordnet wird und darüber hinaus aufgrund anderer Zusammenfassungstatbestände weiteren Kreditnehmereinheiten zuzuordnen ist.

Finanzielle Schwierigkeiten im Sinne des § 19 Abs. 2 Satz 1 Alternative 2 KWG liegen vor, wenn ein Kreditnehmer seinen Zahlungsverpflichtungen nicht nachkommen kann. Es muß sich dabei um nicht unerhebliche Zahlungsverpflichtungen handeln, deren Nichterfüllung den wirtschaftlichen Fortbestand des Kreditnehmers fraglich erscheinen ließe. Ein Indiz kann z.B. ein nachhaltiger Rückstand mit Tilgungsraten sein. Hingegen wird allein die vorübergehende Inanspruchnahme des sog. unfreiwilligen Lieferantenkredits regelmäßig noch kein ausreichendes Indiz sein.

Die Zusammenfassung nach § 19 Abs. 2 Satz 1 Alternative 2 KWG ist auf eine Prognoseentscheidung zu stützen. Die bestehenden Abhängigkeiten müssen nicht mit absoluter Sicherheit zur Übertragung von Zahlungsschwierigkeiten führen, sondern sie lediglich wahrscheinlich erscheinen lassen. Die entfernte Möglichkeit einer Übertragung genügt indessen nicht; sie muß vielmehr bei normalem Lauf der Dinge naheliegen.

Die Abhängigkeit muß wechselseitig sein. Einseitige Abhängigkeiten, beispielsweise von Zulieferbetrieben oder Großabnehmern, genügen nicht. Die Zusammenfassung von Kreditnehmern zu einer Risikoeinheit nach § 19 Abs. 2 Satz 1 Alternative 2 KWG setzt voraus, daß finanzielle Schwierigkeiten eines x-beliebigen Gliedes der Einheit direkt oder indirekt wahrscheinlich auch bei allen anderen Gliedern dieser Einheit zu Zahlungsschwierigkeiten führen (Domino-Effekt).

Beispiel: A, B und C seien Kommanditisten einer KG; D sei der einzige Komplementär. Einzelbevollmächtigte seien A und D. Beide beziehen sie ihr Einkommen nahezu ausschließlich aus der KG; für private Kredite haben sie ihre KG-Anteile verpfändet. Für die umfangreichen Kredite der KG habe A selbstschuldnerische Bürgschaften übernommen, ohne die die kreditgebenden Banken nicht bereit gewesen wären, Kredite in diesem Umfang an die KG zu gewähren. A besitze kein nennenswertes Privatvermögen. Er drohe insolvent zu werden, wenn er aus der Bürgschaft in Anspruch genommen werde.

Die KG und A bilden gemäß § 19 Abs. 2 Satz 1 Alternative 2 KWG eine Risikoeinheit; eine wechselseitige Übertragung von Zahlungsschwierigkeiten (von der KG auf A und von A auf die KG) ist wahrscheinlich.

D ist mit der KG gemäß § 19 Abs. 2 Satz 2 Nr. 2 KWG zu einer Kreditnehmereinheit zusammenzufassen. Es genügt, daß D persönlich haftender Gesellschafter ist; auf einseitige oder wechselseitige wirtschaftliche Abhängigkeiten kommt es nicht an. § 19 Abs. 2 Satz 1 Alternative 2 KWG ist dagegen nicht einschlägig; D's wirtschaftliche Abhängigkeit von der KG ist einseitig, eine wechselseitige wirtschaftliche Abhängigkeit läßt sich aus dem Sachverhalt nicht begründen.

Aus diesem Grund lassen sich nach § 19 Abs. 2 Satz 1 Alternative 2 KWG auch nicht A/KG und D/KG zu einer Risikoeinheit verklammern. Zwar gilt: wenn A „fällt", dann „fällt" wahrscheinlich (über KG) auch D; aber es gilt nicht: wenn D „fällt", dann „fällt" wahrscheinlich auch A (D <– KG <–> A).

Folglich sind in dem Beispiel zwei Kreditnehmereinheiten zu bilden KNE 1: A + KG, KNE 2: D + KG

Unabhängig hiervon bleibt es den Kreditinstituten auch weiterhin unbenommen, über den Tatbestand des § 19 Abs. 2 Satz 1 Alternative 2 KWG hinaus weitergehende Risikoeinheiten für ihre hausinterne Risikoeinschätzung zu bilden.

Um auch fortan eine einheitliche Zusammenfassungspraxis zu gewährleisten, werden die Kreditinstitute gebeten, Fälle, in denen die Zusammenfassung nach den vorstehenden Prämissen zweifelhaft ist, der jeweiligen Landeszentralbank auf dem üblichen Meldeweg schriftlich unter Darlegung des Sachverhalts und der für die Zusammenfassung maßgeblichen Gründe zur Entscheidung vorzulegen. Sofern erforderlich, wird die Landeszentralbank die Abstimmung mit dem Bundesaufsichtsamt herbeiführen.

Im Auftrag

D o h r

2. Schreiben an die Spitzenverbände des Kreditgewerbes vom 20.01.1992

a. Bildung von Kreditnehmereinheiten bei paritätischer Beteiligung (Gemeinschaftsunternehmen)

b. Voraussetzungen für die Kreditnehmerzusammenfassung nach § 19 Abs. 2 Satz 1 Nr. 1 KWG bei Krediten an Ehegatten

Sehr geehrte Damen und Herren!

In letzter Zeit haben im Bereich der Kreditnehmerzusammenfassung gemäß § 19 Abs. 2 Satz 1 Nr. 1 KWG zwei Problemkreise an Bedeutung gewonnen: die Bildung von Kreditnehmereinheiten bei paritätischer Beteiligung (Gemeinschaftsunternehmen) und die Behandlung von Krediten an Ehegatten. Bei der Entscheidung über eine Kreditnehmerzusammenfassung bitte ich, in Zukunft meine nachfolgende Stellungnahme zu beachten.

I. In meiner bisherigen Aufsichtspraxis habe ich *Gemeinschaftsunternehmen*, an denen zwei Mutterunternehmen – ggf. auch natürliche Personen mit Unternehmensqualität – zu jeweils 50 % beteiligt sind, mit keinem der beiden Mutterunternehmen als eine Kreditnehmereinheit i.S.d. § 19 Abs. 2 Nr. 1 KWG angesehen. Unter Risikogesichtspunkten war dies unbefriedigend.

In der höchstrichterlichen Rechtsprechung ist anerkannt (BGHZ 62, 193; BGHZ 74, 359; BGHZ 80, 69; BGHZ 99, 1), daß eine Gesellschaft von zwei (oder mehreren) gleichgeordneten Unternehmen *abhängig* sein kann.

Dabei erfüllt jedoch bei der paritätischen Beteiligung (50 : 50) das Aufeinanderangewiesensein bei der Willensbildung für sich allein noch nicht den Tatbestand der Beherrschungsmöglichkeit (BGHZ 84, 359 [366]). Eine Abhängigkeit besteht auch in diesem Fall nur dann, wenn die Obergesellschaften aufgrund einer Vereinbarung oder in sonstiger Weise derart zusammenwirken, daß sie gemeinsam einen beherrschenden Einfluß ausüben können (BGHZ 99, 1 [4]). Im Einzelfall müssen Indizien vorliegen, aus denen sich ergibt, daß die Möglichkeit gemeinsamer Herrschaftsausübung dauerhaft gesichert erscheint.

Um die Konzernbindung des Gemeinschaftsunternehmens i.S.v. § 18 AktG annehmen zu können, muß es zudem unter der einheitlichen Leitung der beiden Mutterunternehmen stehen. Wegen des Zusammenhangs zwischen

§ 7 Abs. 1 und § 18 Abs. 1 Satz 1 AktG ist aus denselben Gründen, die für die Möglichkeit der mehrfachen Abhängigkeit sprechen, auch von der Möglichkeit einer *mehrfachen Konzernbindung* des Gemeinschaftsunternehmens auszugehen (s. BAG, Beschluß vom 20.Oktober 1986, DB 1987, S. 1691). Für das Vorhandensein einer Beherrschungsmöglichkeit und einer einheitlichen Leitung haben die folgenden, hier beispielhaft aufgeführten Umstände indizielle Bedeutung:

1. Vertragliche Vereinbarungen:

- Bildung eines Gesamtwillens (z.B. hinsichtlich des Tätigkeitsbereiches, des Personaleinsatzes, der Finanzplanung oder der Investitionen beim Gemeinschaftsunternehmen) in einem Leitungsgremium (z.B. in einer Gesellschaft bürgerlichen Rechtes, die keine Kapitalbeteiligung der Gesellschafter voraussetzt);
- Verpflichtung zur inhaltlich identischen Stimmabgabe;
- Einsetzung eines Schiedsgerichtes bei Patt-Situationen.

Eine bloße Konsultationspflicht bei Belangen, die das Gemeinschaftsunternehmen betreffen, würde dagegen nicht ausreichen.

2. Faktische Koordination

Auch eine faktische Koordination kann ausreichend sein, wenn aus den Umständen auf eine sichere Grundlage gemeinsamer Herrschaftsausübung und Leitung geschlossen werden kann.

Als Anhaltspunkte kommen insbesondere in Betracht:

- beständige einheitliche Abstimmung in der Vergangenheit (diese läßt in der Regel auf eine entsprechende Verhaltensweise in der Zukunft schließen);
- übereinstimmende Interessen der Mutterunternehmen (z.B. bei Branchenzugehörigkeit bzw. -abhängigkeit);
- ausgewogene tatsächliche Einflußmöglichkeiten aufgrund des ausgeglichenen Kräfteverhältnisses;
- familiäre Bindungen der Gesellschafter.

Sind die Voraussetzungen für eine mehrfache Konzernzugehörigkeit erfüllt, so ist das Gemeinschaftsunternehmen *mit jedem Mutterunternehmen* gemäß § 19 Abs. 2 Satz 1 Nr. 1 1. Alternative KWG (Unterordnungskonzern) zu einer Kreditnehmereinheit zusammenzufassen.

II. Für die Beantwortung der bei Kreditvergaben an Ehegatten auftretenden Frage, wann diese zu einer Kreditnehmereinheit i.S.d. § 19 Abs. 2 KWG zusammenzufassen sind, gebe ich folgende Hinweise:

Allein die Tatsache der Ehe (oder Familienzugehörigkeit bei minderjährigen Kindern) kann nicht zu einer Kreditnehmerzusammenfassung führen. Eine solche Betrachtungsweise würde dem verfassungsrechtlich verankerten Schutz von Ehe und Familie (Art. 6 des Grundgesetzes) widersprechen. Es muß vielmehr ein Tatbestand des § 19 Abs. 2 KWG gegeben sein.

1. Nicht unternehmerisch tätige Ehegatten

Ehegatten, die nicht unternehmerisch tätig sind, sind in der Regel nicht zu einer Kreditnehmereinheit i.S.d. § 19 Abs. 2 Satz 1 Nr. 1 KWG zusammenzufassen; dies gilt auch dann, wenn die Ehegatten in Gütergemeinschaft leben oder Sicherheiten für Kredite des Ehepartners bestellt haben. Im Allgemeinen ist eine Kreditnehmerzusammenfassung auch dann nicht möglich, wenn sich nur einer der Ehegatten unternehmerisch betätigt. Es können jedoch die Voraussetzungen des § 19 Abs. 1 Satz 1 Nr. 1 3. Alternative KWG vorliegen, wenn zwischen den Ehegatten eine Zweck- und Wirtschaftsgemeinschaft besteht und die zusammengerechneten Anteile einen Mehrheitsbesitz ergeben (s. unter 2. b).

Stets ist zu prüfen, ob die Voraussetzungen des § 19 Abs. 2 Satz 1 Nr. 3 KWG (Strohmann-Kredit) erfüllt sind, da diese Fallgestaltung bei Ehegatten nicht außerhalb der Lebenserfahrung liegt.

2. Unternehmerisch tätige Ehegatten

Sind beide Ehegatten als Unternehmen i.S.d. Konzernrechtes anzusehen, so kommt eine Kreditnehmerzusammenfassung in Betracht, wenn sie einen *Unterordnungs- oder Gleichordnungskonzern* bilden oder § 19 Abs. 2 Satz 1 Nr. 1 3. Alternative KWG (Mehrheitsbesitz) erfüllt ist.

a) Praktisch relevant wird in der Regel die Zusammenfassung der Ehegatten mit den von ihnen beherrschten Unternehmen zu einem *Unterordnungskon-*

zem. Ehegatten sind mit den von ihnen beherrschten Unternehmen zu einem Unterordnungskonzern zusammenzufassen, wenn sie Unternehmenseigenschaft haben. Als Unternehmen i.S.d. §§ 15 f. AktG ist ein Gesellschafter oder Anteilseigner anzusehen, bei dem neben seiner Beteiligung an einer Gesellschaft eine wirtschaftliche Interessenbindung außerhalb der Gesellschaft besteht, die stark genug ist, um die Besorgnis zu begründen, er könnte um ihretwillen seinen Einfluß zum Nachteil der Gesellschaft geltend machen (BGHZ 80, 69 (72) m.w.N.). So kann eine natürliche Person dann als Unternehmen angesehen werden, wenn sie mindestens zwei Beteiligungen hält. Davon muß eine Beteiligung eine maßgebliche (in der Regel Mehrheits-)Beteiligung sein, die unternehmerische Einflußmöglichkeiten gestattet; auf die tatsächliche Ausübung dieses Einflusses kommt es nicht an. Es ist unter bestimmten Voraussetzungen ausreichend, wenn sich die Mehrheitsbeteiligung erst durch die Zusammenfassung der Beteiligungen bei den Ehegatten ergibt. Die andere Beteiligung muß zumindest ein unternehmerisches Interesse vermitteln. Ein Ehegatte wäre auch dann Unternehmen i.S.d. Konzernrechtes, wenn er neben der Beteiligung an einer Gesellschaft einen eigenen Kaufmannsbetrieb führt oder einer freiberuflichen Tätigkeit nachgeht.

Erfüllen beiden Ehegatten den Unternehmensbegriff, kommt eine Zusammenfassung der Ehegatten und der von ihnen abhängigen Unternehmen zu einem Unterordnungskonzern in Betracht. Nach der Rechtsprechung des Bundesgerichtshofes kann ein beherrschender Einfluß i.S.d. § 17 AktG auch von mehreren übergeordneten Unternehmen ausgehen, ohne daß vertragliche oder organisatorische Bindungen zwischen ihnen bestehen, sofern rechtliche oder tatsächliche Umstände sonstiger Art eine ausreichend sichere Grundlage für die Ausübung gemeinsamer Herrschaft bilden (BGHZ 62, 193 [199]). Das ist nicht jedoch schon dann der Fall, wenn die Ehegatten Gütergemeinschaft vereinbart haben oder ihre Kredite gegenseitig verbürgen. Unter Heranziehung der Rechtsprechung des Bundesfinanzhofes zur Betriebsaufspaltung kann die Bildung eines „Ehegatten-Konzerns" dann angenommen werden, wenn die Ehegatten durch eine mehrere Unternehmen umfassende, planmäßige, gemeinsame Gestaltung der wirtschaftlichen Verhältnisse zeigen, daß sie aufgrund ihrer *gleichgerichteten wirtschaftlichen Interessen* zusätzlich zur ehelichen Lebensgemeinschaft eine *Zweck- und Wirtschaftsgemeinschaft* eingegangen sind (vgl. BFHE 147, 256).

Indizien für die Annahme einer solchen Gemeinschaft können dabei insbesondere sein:

- Betriebsaufspaltung
- Branchengleichheit oder -ähnlichkeit
- Vollmachtserteilung
- Geschäftsführertätigkeit in den Unternehmen
- Darlehensgewährung der Ehegatten untereinander
- Vereinbarung einer gesamtschuldnerischen Haftung
- gegenseitige Sicherheitenstellung (z.B. Bürgschaften, Grundschulden)
- Gütergemeinschaft
- Führung von betrieblichen Gemeinschaftskonten
- gegenseitige Verpachtung/Vermietung
- wirtschaftliche Abhängigkeit des einen Ehegatten (oder seines Betriebes) von dem anderen Ehegatten
- Vertrieb der von einem Ehegatten (bzw. seinem Unternehmen) hergestellten Produkte durch den anderen Ehegatten.

b) Nach § 19 Abs. 2 Satz 1 Nr. 1 3. Alternative KWG sind in Mehrheitsbesitz stehende Unternehmen mit den an ihnen mit Mehrheit beteiligten Unternehmen oder Personen zusammenzufassen. Bei der Berechnung des Mehrheitsanteils sind die Anteile der Ehegatten zusammenzurechnen, wenn eine Zweck- und Wirtschaftsgemeinschaft gegeben ist. Ob dies der Fall ist, ist unter Berücksichtigung der unter a) genannten Kriterien zu prüfen.

3. Ferner weise ich darauf hin, daß es auch für eine Zusammenrechnung von Krediten nach § 15 Abs. 1 Satz 1 Nr. 1 bis 4 KWG mit Krediten nach § 15 Abs. 1 Satz 1 Nr. 5 KWG erforderlich ist, daß ein Tatbestand des § 19 Abs. 2 KWG vorliegt.

Mit vorzüglicher Hochachtung

Im Auftrag

S a n i o

5.2 Für § 19 Abs. 2 KWG relevante Vorschriften des Aktiengesetz (AktG)

§ 15 Verbundene Unternehmen

Verbundene Unternehmen sind rechtlich selbständige Unternehmen, die im Verhältnis zueinander in Mehrheitsbesitz stehende Unternehmen und mit Mehrheit beteiligte Unternehmen (§ 16), abhängige und herrschende Unternehmen (§ 17), Konzernunternehmen (§ 18), wechselseitig beteiligte Unternehmen (§ 19) oder Vertragsteile eines Unternehmensvertrages (§§ 291, 292) sind.

§ 16 In Mehrheitsbesitz stehende Unternehmen und mit Mehrheit beteiligte Unternehmen

(1) Gehört die Mehrheit der Anteile eines rechtlich selbständigen Unternehmens einem anderen Unternehmen oder steht einem anderen Unternehmen die Mehrheit der Stimmrechte zu (Mehrheitsbeteiligung), so ist das Unternehmen ein in Mehrheitsbesitz stehendes Unternehmen, das andere Unternehmen ein an ihm mit Mehrheit beteiligtes Unternehmen.

(2) Welcher Teil der Anteile einem Unternehmen gehört, bestimmt sich bei Kapitalgesellschaften nach dem Verhältnis des Gesamtnennbetrags der ihm gehörenden Anteile zum Nennkapital, bei bergrechtlichen Gewerkschaften nach der Zahl der Kuxe. Eigene Anteile sind bei Kapitlgesellschaften vom Nennkapital, bei bergrechtlichen Gewerkschaften von der Zahl der Kuxe abzusetzen. Eigenen Anteilen des Unternehmens stehen Anteile gleich, die einem anderen für Rechnung des Unternehmens gehören.

(3) Welcher Teil der Stimmrechte einem Unternehmen zusteht, bestimmt sich nach dem Verhältnis der Zahl der Stimmrechte, die es aus den ihm gehörenden Anteilen ausüben kann, zur Gesamtzahl aller Stimmrechte.
Von der Gesamtzahl aller Stimmrechte sind die Stimmrechte aus eigenen Anteilen sowie aus Anteilen, die nach Absatz 2 Satz 3 eigenen Anteilen gleichstehen, abzusetzen.

(4) Als Anteile, die einem Unternehmen gehören, gelten auch die Anteile, die einem von ihm abhängigen Unternehmen oder einem anderen für Rechnung des Unternehmens oder eines von diesem abhängigen Unternehmens gehören und, wenn der Inhaber des Unternehmens ein Einzelkaufmann ist, auch die Anteile, die sonstiges Vermögen des Inhabers sind.

§ 17 Abhängige und herrschende Unternehmen

(1) Abhängige Unternehmen sind rechtlich selbständige Unternehmen, auf die ein anderes Unternehmen (herrschendes Unternehmen) unmittelbar oder mittelbar einen beherrschenden Einfluß ausüben kann.

(2) Von einem in Mehrheitsbesitz stehenden Unternehmen wird vermutet, daß es von dem an ihm mit Mehrheit beteiligten Unternehmen abhängig ist.

§ 18 Konzern und Konzernunternehmen

(1) Sind ein herrschendes und ein oder mehrere abhängige Unternehmen unter der einheitlichen Leitung des herrschenden Unternehmens zusammengefaßt, so bilden sie einen Konzern; die einzelnen Unternehmen sind Konzernunternehmen. Unternehmen, zwischen denen ein Beherrschungsvertrag (§ 291) besteht oder von denen das eine in das andere eingegliedert ist (§ 319), sind als unter einheitlicher Leitung zusammengefaßt anzusehen. Von einem abhängigen Unternehmen wird vermutet, daß es mit dem herrschenden Unternehmen einen Konzern bildet.

(2) Sind rechtlich selbständige Unternehmen, ohne daß das eine Unternehmen von dem anderen abhängig ist, unter einheitlicher Leitung zusammengefaßt, so bilden sie auch einen Konzern; die einzelnen Unternehmen sind Konzernunternehmen.

§ 19 Wechselseitig beteiligte Unternehmen

(1) Wechselseitig beteiligte Unternehmen sind Unternehmen mit Sitz im Inland in der Rechtsform einer Kapitalgesellschaft oder bergrechtlichen Gewerkschaft, die dadurch verbunden sind, daß je-

dem Unternehmen mehr als der vierte Teil der Anteile des anderen Unternehmens gehört. Für die Feststellung, ob einem Unternehmen mehr als der vierte Teil der Anteile des anderen Unternehmens gehört, gilt § 16 Abs. 2 Satz 1, Abs. 4.

(2) Gehört einem wechselseitig beteiligten Unternehmen an dem anderen Unternehmen eine Mehrheitsbeteiligung oder kann das eine auf das andere Unternehmen unmittelbar oder mittelbar einen beherrschenden Einfluß ausüben, so ist das eine als herrschendes, das andere als abhängiges Unternehmen anzusehen.

(3) Gehört jedem der wechselseitig beteiligten Unternehmen an dem anderen Unternehmen eine Mehrheitsbeteiligung oder kann jedes auf das andere unmittelbar oder mittelbar einen beherrschenden Einfluß ausüben, so gelten beide Unternehmen als herrschend und als abhängig.

(4) § 328 ist auf Unternehmen, die nach Absatz 2 oder 3 herrschende oder abhängige Unternehmen sind, nicht anzuwenden.

§ 291 Beherrschungsvertrag, Gewinnabführungsvertrag

(1) Unternehmensverträge sind Verträge, durch die eine Aktiengesellschaft oder Kommanditgesellschaft auf Aktien die Leitung ihrer Gesellschaft einem anderen Unternehmen unterstellt (Beherrschungsvertrag) oder sich verpflichtet, ihren ganzen Gewinn an ein anderes Unternehmen abzuführen (Gewinnabführungsvertrag). Als Vertrag über die Abführung des ganzen Gewinns gilt auch ein Vertrag, durch den eine Aktiengesellschaft oder Kommanditgesellschaft auf Aktien es übernimmt, ihr Unternehmen für Rechnung eines anderen Unternehmens zu führen.

(2) Stellen sich Unternehmen, die voneinander nicht abhängig sind, durch Vertrag unter einheitliche Leitung, ohne daß dadurch eines von ihnen von einem anderen vertragschließenden Unternehmen abhängig wird, so ist dieser Vertrag kein Beherrschungsvertrag.

(3) Leistungen der Gesellschaft auf Grund eines Beherrschungs- oder eines Gewinnabführungsvertrags gelten nicht als Verstoß gegen die §§ 57, 58 und 60.

§ 319 Eingliederung

(1) Die Hauptversammlung einer Aktiengesellschaft kann die Eingliederung der Gesellschaft in eine andere Aktiengesellschaft mit Sitz im Inland (Hauptgesellschaft) beschließen, wenn sich alle Aktien der Gesellschaft in der Hand der zukünftigen Hauptgesellschaft befinden. Auf den Beschluß sind die Bestimmungen des Gesetzes und der Satzung über Satzungsänderungen nicht anzuwenden.

(2) Der Beschluß über die Eingliederung wird nur wirksam, wenn die Hauptversammlung der zukünftigen Hauptgesellschaft zustimmt. Der Beschluß über die Zustimmung bedarf einer Mehrheit, die mindestens drei Viertel des bei der Beschlußfassung vertretenen Grundkapitals umfaßt. Die Satzung kann eine größere Kapitalmehrheit und weitere Erfordernisse bestimmen. Absatz 1 Satz 2 ist anzuwenden.

(3) Von der Einberufung der Hauptversammlung der zukünftigen Hauptgesellschaft an, die über die Zustimmung zur Eingliederung beschließen soll, sind in dem Geschäftsraum dieser Gesellschaft zur Einsicht der Aktionäre auszulegen

1. der Entwurf des Eingliederungsbeschlusses;
2. die Jahresabschlüsse und die Lageberichte der beteiligten Gesellschaften für die letzten drei Geschäftsjahre;
3. ein ausführlicher, schriftlicher Bericht des Vorstands der zukünftigen Hauptgesellschaft, in dem die Eingliederung rechtlich und wirtschaftlich erläutert und begründet wird (Eingliederungsbericht).

Auf Verlangen ist jedem Aktionär der zukünftigen Hauptgesellschaft unverzüglich und kostenlos eine Abschrift der in Satz 1 bezeichneten Unterlagen zu erteilen. In der Hauptversammlung sind diese Unterlagen auszulegen. Jedem Aktionär ist in der Hauptversammlung auf Verlangen Auskunft auch über alle im Zusammenhang mit der Eingliederung wesentlichen Angelegenheiten der einzugliedernden Gesellschaft zu geben.

(4) Der Vorstand der einzugliedernden Gesellschaft hat die Eingliederung und die Firma der Hauptgesellschaft zur Eintragung in das Handelsregister anzumelden. Der Anmeldung sind die Niederschriften der Hauptversammlungsbeschlüsse und ihre Anlagen in Ausfertigung oder öffentlich beglaubigter Abschrift beizufügen.

(5) Bei der Anmeldung nach Absatz 4 hat der Vorstand zu erklären, daß eine Klage gegen die Wirksamkeit eines Hauptversammlungsbeschlusses nicht oder nicht fristgemäß erhoben oder eine solche Klage rechtskräftig abgewiesen oder zurückgenommen worden ist; hierüber hat der Vorstand dem Registergericht auch nach der Anmeldung Mitteilung zu machen. Liegt die Erklärung nicht vor, so darf die Eingliederung nicht eingetragen werden, es sei denn, daß die klageberechtigten Aktionäre durch notariell beurkundete Verzichtserklärung auf die Klage gegen die Wirksamkeit des Hauptversammlungsbeschlusses verzichten.

(6) Der Erklärung nach Absatz 5 Satz 1 steht es gleich, wenn nach Erhebung einer Klage gegen die Wirksamkeit eines Hauptversammlungsbeschlusses das für diese Klage zuständige Landgericht auf Antrag der Gesellschaft gegen deren Hauptversammlungsbeschluß sich die Klage richtet, durch rechtskräftigen Beschluß festgestellt hat, daß die Erhebung der Klage der Eintragung nicht entgegensteht. Der Beschluß nach Satz 1 darf nur ergehen, wenn die Klage gegen die Wirksamkeit des Hauptversammlungsbeschlusses unzulässig oder offensichtlich unbegründet ist oder wenn das alsbaldige Wirksamwerden der Eingliederung nach freier Überzeugung des Gerichts unter Berücksichtigung der Schwere der mit der Klage geltend gemachten Rechtsverletzungen zur Abwendung der vom Antragsteller dargelegten wesentlichen Nachteile für die Gesellschaft und ihre Aktionäre vorrangig erscheint. Der Beschluß kann in dringenden Fällen ohne mündliche Verhandlung ergehen. Die vorgebrachten Tatsachen, aufgrund derer der Beschluß nach Satz 2 ergehen kann, sind glaubhaft zu machen. Gegen den Beschluß findet die sofortige Beschwerde statt. Erweist sich die Klage als begründet, so ist die Gesellschaft, die den Beschluß erwirkt hat, verpflichtet, dem Antragsgegner

den Schaden zu ersetzen, der ihm aus einer auf dem Beschluß beruhenden Eintragung der Eingliederung entstanden ist.

(7) Mit der Eintragung der Eingliederung in das Handelsregister des Sitzes der Gesellschaft wird die Gesellschaft in die Hauptgesellschaft eingegliedert.

Abkürzungen

A

Abschn.	Abschnitt
AG	Aktiengesellschaft
AktG	Aktiengesetz
Alt.	Alternative

B

BAKred.	Bundesaufsichtsamt für das Kreditwesen
BGB	Bürgerliches Gesetzbuch

D

d.h.	das heißt

E

eG	eingetragene Genossenschaft
ERP	European Recovery Programm
EWIV	Europäische wirtschaftliche Interessenvereinigung
EWR	Europäischer Wirtschaftsraum

G

GbR	Gesellschaft des bürgerlichen Rechts
GenG	Genossenschaftsgesetz
GmbH	Gesellschaft mit beschränkter Haftung
GmbHG	GmbH-Gesetz
GOK	Gleichordnungskonzern

H

HGB	Handelsgesetzbuch

I

i.d.R	in der Regel
i.G.	in Gründung
i.S.	im Sinne

K

KG	Kommanditgesellschaft

KGaA	Kommanditgesellschaft auf Aktien
KNE	Kreditnehmereinheit(en)
KredBestV.	Kreditbestimmungsverordnung
KWG	Kreditwesengesetz
M	
Mio	Million(en)
N	
Nr.	Nummer
O	
OHG	Offene Handelsgesellschaft
P	
PartG	Partnerschaftsgesellschaft
PartGG	Partnerschaftsgesellschaftsgesetz
phg	persönlich haftender Gesellschafter
PHG	Personenhandelsgesellschaft
Priv.	Privat
S	
S.	Seite
sog.	sogenannte
StimmbV	Stimmbindungsvereinbarung
T	
TDM	Tausend Deutsche Mark
U	
UOK	Unterordnungskonzern
V	
VAG	Versicherungsaufsichtsgesetz
VVaG	Versicherungsverein auf Gegenseitigkeit
Z	
z.B.	zum Beispiel

Literatur

Baumbach, Hueck, GmbH-Gesetz, Becksche Kurz-Kommentare, Band 20, 16. Auflage, München 1996, Anmerkungen zu § 11

Becksche Textausgaben, Wirtschaftsgesetze, 16. Auflage, München, 1996

Hans Paul Bisani, Risikoeinheiten im Kreditgeschäft nach der 5. KWG-Novelle, in: Sparkasse 3/1996, S. 130-138

Hans Paul Bisani, Josef Scherer, Die Partnerschaftsgesellschaft und ihre Partner als Kreditnehmer, in: Sparkasse 6/1996, S. 289-291

Bundesaufsichtsamt für das Kreditwesen, Verlautbarung vom 20.01.1992 zur Bildung von Kreditnehmereinheiten bei paritätischer Beteiligung (Gemeinschaftsunternehmen) und Voraussetzungen für die Kreditnehmerzusammenfassung nach § 19 Abs. 2 Satz 1 (jetzt Satz 2) Nr. 1 KWG bei Krediten an Ehegatten

Bundesaufsichtsamt für das Kreditwesen, Rundschreiben 3/1997 an alle Kreditinstitute in der Bundesrepublik Deutschland vom 24.02.97

Bundesrat, Drucksache 22/1994 vom 14.01.1994, Gesetzentwurf der Bundesregierung, Entwurf eines Gesetzes zur Änderung des Gesetzes über das Kreditwesen und anderer Vorschriften über Kreditinstitute

Deutsche Bundesbank, Evidenzzentrale für Millionenkredite, Merkblatt für die Abgabe der Millionenkreditanzeigen nach § 14 KWG, Bankrechtliche Regelungen 7, Frankfurt/M., April 1996

Deutsche Bundesbank, Gesetz über das Kreditwesen, Bankrechtliche Regelungen 2, Frankfurt/M., März 1996

Deutsche Bundesbank, Merkblatt für Anzeigen gem. § 13 und § 13 a KWG, Frankfurt/M., 20. Februar 1996

Ulrich Dornieden, Friedrich-Wilhelm May, Horst Probst, Unternehmensfinanzierung, Wiesbaden 1993

Reinhard Geck, Die Kommanditgesellschaft, in: Neue Wirtschaftsbriefe Nr. 23 vom 3.6.1991, Fach Nr. 18

Uwe Hüffer, Gesellschaftsrecht, 4. Auflage, München 1996

Eugen Klunzinger, Einführung in das Bürgerliche Recht, 5. Auflage, München 1993

Landeszentralbank im Freistaat Sachsen und in Thüringen, Mitteilung an die Kreditinstitute in Sachsen und Thüringen Nr. 5 vom 23.3.1993

Thomas Milde, Der Gleichordnungskonzern im Gesellschaftsrecht, in: Untersuchungen über das Spar-, Giro- und Kreditwesen, Abt. B: Rechtswissenschaft, hrsg. von Walther Hadding und Uwe H. Schneider, Band 101, Berlin 1996

NN, Betriebsaufspaltung und gleichgerichtete Interessen von Eheleuten, in: Betriebs-Berater vom 30.10.1986, S. 2044-2047

Friedrich Reischauer, Joachim Kleinhans, Loseblattkommentar zum Kreditwesengesetz, 1. Band, Berlin 1963 mit Ergänzungslieferungen, Stand August 1996, Anmerkung 24 zu § 19 KWG

Richtlinie 92/121/EWG DES RATES vom 21.12.1992 über die Überwachung und Kontrolle der Großkredite von Kreditinstituten, in: Amtsblatt der Europäischen Gemeinschaften Nr. L 29 vom 5.2.1993

Gerd Rose, Cornelia Glorius-Rose, Unternehmungsformen und -verbindungen, 2. überarbeitete Auflage, Köln 1995

Volkhard Szagunn, Karl Wohlschieß, Die Bankenaufsicht, in: Obst/Hintner, Geld-, Bank- und Börsenwesen, 39. Auflage, hrsg. von Norbert Kloten und Johann Heinrich von Stein, Stuttgart 1993, S. 259-286

MIX
Papier aus verantwortungsvollen Quellen
Paper from responsible sources
FSC® C105338

FSC
www.fsc.org

Printed by Libri Plureos GmbH
in Hamburg, Germany